Editora Appris Ltda.
1.ª Edição - Copyright© 2025 dos autores
Direitos de Edição Reservados à Editora Appris Ltda.

Nenhuma parte desta obra poderá ser utilizada indevidamente, sem estar de acordo com a Lei nº 9.610/98. Se incorreções forem encontradas, serão de exclusiva responsabilidade de seus organizadores. Foi realizado o Depósito Legal na Fundação Biblioteca Nacional, de acordo com as Leis nos 10.994, de 14/12/2004, e 12.192, de 14/01/2010.

Catalogação na Fonte
Elaborado por: Josefina A. S. Guedes
Bibliotecária CRB 9/870

G249t 2025	Gasparoto, Rafael Tá na hora de ser pai / Rafael Gasparoto. – 1. ed. – Curitiba: Appris, 2025. 144 p.; 21 cm. ISBN 978-65-250-7345-3 1. Paternidade. 2. Pai. 3. Pais e filhos. 4. Famílias. 5. Educação. 6. Desenvolvimento infantil. I. Título. CDD – 306.8742

Livro de acordo com a normalização técnica da ABNT

Appris
editora

Editora e Livraria Appris Ltda.
Av. Manoel Ribas, 2265 – Mercês
Curitiba/PR – CEP: 80810-002
Tel. (41) 3156 - 4731
www.editoraappris.com.br

Printed in Brazil
Impresso no Brasil

RAFAEL GASPAROTO

Prefácio de: **Marcos Piangers**

TÁ NA HORA DE SER PAI

Transforme a vida com seus filhos e não seja apenas mais um "pai de selfie"

artêra
editorial

CURITIBA, PR
2025

FICHA TÉCNICA

EDITORIAL	Augusto V. de A. Coelho
	Sara C. de Andrade Coelho
COMITÊ EDITORIAL	Marli Caetano
	Andréa Barbosa Gouveia (UFPR)
	Edmeire C. Pereira (UFPR)
	Iraneide da Silva (UFC)
	Jacques de Lima Ferreira (UP)
SUPERVISORA EDITORIAL	Renata C. Lopes
PRODUÇÃO EDITORIAL	Daniela Nazário
REVISÃO	Manuella Marquetti
DIAGRAMAÇÃO	Bruno Ferreira Nascimento
CAPA	Carlos Pereira
REVISÃO DE PROVA	Bruna Santos

Dedicado à minha esposa, Catarina, a responsável por me dar uma família e me permitir viver a benção da paternidade.

PREFÁCIO

O Rafael é um cara sensacional. Apaixonado pela vida, pela filha e pela família. Nós nos encontramos em uma palestra em Criciúma e ele, corajoso, me pediu para escrever o prefácio de seu livro. Eu respondi "É claro!", e ele já começou a se emocionar. É bonito ver um cara se emocionar com algo tão simples. Eu o abracei e disse: "JÁ ME CONSIDERO SEU AMIGO!".

Há alguns anos, resolvi que gostaria de estar rodeado de pessoas assim. Pessoas corajosas, sinceras, emotivas. Depois que lancei *O Papai é Pop*, meu livro sobre paternidade, conheci pais dedicados de todo o Brasil e do mundo. Fiz novos amigos, que me ensinam e me inspiram a ser melhor. Os homens se formam com base no comportamento de outros homens. Quanto mais homens corajosos, sinceros e emotivos encontrarmos pelo nosso caminho, mais chances temos de sermos seres integrais.

Algo muito bonito está acontecendo no mundo. Homens estão descobrindo que podem ser seres cuidadores. Como Rafael escreve no livro, o passo número um para um pai é não passar seus traumas adiante. É entender que você tem seus gatilhos e dificuldades emocionais, e seu papel é ser melhor com seu filho do que foram com você.

É um processo desafiador: de vez em quando você vai se sentir magoado por ter sofrido tanto e ainda estar se esforçando para ser bom. Mas lembre-se: talvez seu pai foi melhor com você do que foram com ele; talvez seu filho seja ainda melhor com seu neto. É um ciclo.

Gosto daquele poema lindo chamado *A bola dourada*, do poeta Borries von Munchausen:

> "O que recebi pelo amor de meu pai
> eu não lhe paguei,
> pois, em criança, ignorava o valor do dom,
> e quando me tornei homem
> endureci como todo homem.
> Agora vejo crescer meu filho,
> a quem amo tanto,
> como nenhum coração de pai se apegou a um filho.
> E o que antes recebi
> estou pagando agora a quem não me deu nem vai me retribuir.
> Pois quando ele for homem
> e pensar como os homens, seguirá, como eu,
> os seus próprios caminhos.
> Com saudade, mas sem ciúme,
> eu o verei pagar ao meu neto o que me era devido.
> Na sucessão dos tempos meu olhar assiste,
> comovido e contente,
> o jogo da vida: cada um com um sorriso,
> lança adiante a bola dourada,
> e a bola dourada nunca é devolvida!"

Se eu puder devolver um pouco do amor que recebi de minha mãe, uma das 11 milhões de mães solo do Brasil, me esforçarei para isso. Mas sei que o objetivo de uma mãe não é receber o amor de volta. Quando perguntei para minha mãe como devolveria todo o amor que me deu, todas as noites em claro e todos os sonhos que ela não realizou para cuidar de mim, ela me respondeu: "Passando meu amor adiante".

Os pais não querem o amor de volta; querem que esse amor se multiplique e alcance outras pessoas. O amor que alguém teve por nós se manterá vivo enquanto formos gentis e humanos, generosos e esforçados. Enquanto formos corajosos, sinceros e emotivos.

Como o Rafael, e como todo pai apaixonado que se lança nessa montanha-russa que é a paternidade, nesse parque de diversões que é a vida. Se você é um desses pais apaixonados, este é o livro certo para te inspirar. Se me encontrar por aí, venha me dar um abraço. Já me considero seu amigo.

Marcos Piangers
Autor de best-seller e palestrante.
Conhecido por seu trabalho sobre paternidade e relações familiares, com impacto em milhões de pessoas.

SUMÁRIO

Introdução 13

Quebrando ciclos: a importância de não repetir o passado 19

Redefinindo a paternidade: lições da vida real 37

Qual futuro você deseja para o seu filho? 39

A construção da autoestima 41

Os riscos da comparação 43

Dureza e permissividade: há um meio termo? 45

Tempo veloz... 49

Diferenças no papel do pai na criação de meninos e meninas 55

Preservando memórias: um legado da paternidade 59

Paternidade intencional 61

Tá na correria pra onde, irmão? 63

Filhos são nossa cura, nossa redenção 69

Responsabilidade parental e os presentes que vêm com ela 73

Birra: um pedido de socorro 81

Telas: a ausência mesmo a um passo de distância 85

Crianças x Tecnologia 91

Não se coloque num pedestal,
se permita errar e peça desculpas! 99

Socialização 107

Transmissão de valores 111

Rituais 115

"Porque sim!" 119

Estímulos 121

Cama compartilhada 125

Expectativa e pressão 129

A importância dos avós na vida de uma criança 133

Agora é contigo, irmão! 139

INTRODUÇÃO

"A chegada de um filho salva o homem dele mesmo."
(Saramago)

Se você escolheu este livro, talvez esteja, assim como eu, em busca de entender o significado mais profundo de ser pai no mundo de hoje. Um mundo acelerado, repleto de reuniões, prazos e — vamos ser honestos — uma quantidade alarmante de tempo olhando para telas digitais e estando distantes do que acontece ao nosso redor.

Durante anos, minha vida foi uma série interminável de voos, hotéis e conferências ao longo da minha carreira em uma multinacional. Foi uma fase intensa e recompensadora profissionalmente, mas, em dado momento, me vi perguntando: "É isso? É realmente isso que importa?".

Foi quando decidi fazer uma mudança radical. Troquei o crachá da empresa pelo título, mais informal e menos glamouroso, de "empreendedor" — mas não apenas no mundo dos negócios. Eu também virei empreendedor da minha própria vida, da vida da minha família, e mais especificamente, da vida da minha pequena Eva.

Minha esposa, uma médica incrível com uma rotina puxada, e eu tivemos que encontrar um novo equilíbrio. E nesse reajuste, descobri o prazer de levar Eva, nossa filha, para a escola, de acompanhá-la nas aulas de natação, de estar lá nos momentos grandes e pequenos, e, mais importante de tudo, de ser um pai presente e, até mais do que isso, um pai intencional, conceito que conheceremos nas próximas páginas.

Sim, mamães recebem muitas dicas, livros e workshops. E, claro, ser mãe é um dos trabalhos mais árduos que existem. Mas e os pais? Muitas vezes relegados a coadjuvantes na incrível aventura que é criar um filho[1], certo?

Se você já se sentiu assim, bem-vindo ao clube! Aqui, o protagonismo é compartilhado e a ideia é justamente esta: entender como nós, pais, podemos estar mais presentes e ativos na vida dos nossos filhos. Nos últimos anos, a paternidade se tornou para mim um campo de experimentação e aprendizado constante. Eu leio um artigo que diz "em vez de perguntar assim, pergunte assado" e, após colocar em prática, percebo que a abordagem faz toda a diferença na comunicação com a minha filha.

Veja bem: eu não sou um profissional da área e não tenho qualificações formais em psicologia parental, psicologia da família ou desenvolvimento infantil, apesar de me interessar pelo tema e estudar muito a respeito disso. Assim como você que está lendo este livro, eu sou um pai comum, cheio de erros, defeitos e uma relação familiar que está longe de ser perfeita.

O que eu desejo passar aqui é a visão simples e ao mesmo tempo fantástica de um homem que viu — e ainda vê — como a paternidade pode ser a dádiva mais maravilhosa a recair sobre as nossas vidas.

É um clichê dizer que nos tornamos outras pessoas após o nascimento dos nossos filhos, e como o amor paterno já nasce com uma força indescritível. Mas eu sei que essa não é a realidade de todos, como não foi a minha.

---

[1] O termo "filho" é utilizado no livro com amplo sentido, a palavra se refere às filhas meninas também.

Eu não amei minha filha no primeiro momento em que a peguei em meus braços. Senti muita felicidade, sim, mas muito medo também. Amor a gente vai construindo dia após dia, e sei como essa quebra de expectativas pode causar uma frustração e um sentimento de culpa dilacerantes.

Você não está sozinho, e eu quero falar com você. Não sei seu nome, o que você fez ou faz da sua vida. O que eu tenho certeza é que está buscando entender e evoluir como pai, então vamos juntos!

A paternidade, assim como qualquer outro processo, deve ser construída e lapidada. Ela não nasce perfeita. Não estamos prontos assim que o bebê chora pela primeira vez e nós o pegamos no colo, igualmente encantados e assustados pela vida que, junto da nossa companheira, acabamos de gerar.

Lembro bem dos primeiros dias em que levei minha filha à aula de natação, às dez da manhã de uma terça-feira. Olhava em volta e pensava: "O que estou fazendo aqui?". Por mais de uma década, meu mundo foi delimitado por prazos, reuniões e pressão por resultados. E de repente, ali estava eu, completamente deslocado, assistindo minha filha nadar. Mas sabe de uma coisa? Esses são os momentos que nos fazem repensar o que é realmente valioso na vida.

Neste livro, vou compartilhar com vocês histórias pessoais e reflexões sobre a paternidade, como meu pai me influenciou em áreas específicas, algumas das quais poderão fazer você rir, outras talvez se emocionar, e espero que todas o inspirem. Vamos falar sobre criar nossos filhos com amor, sem gritos ou punições físicas, e sobre como podemos estimular sua curiosidade, sua criatividade e suas aptidões naturais de formas que vão além da luz hipnótica dos dispositivos eletrônicos.

Nossa sociedade tem feito progressos incríveis em várias áreas, mas quando se trata de paternidade, muitas vezes ainda nos apegamos a conceitos ultrapassados e cíclicos. "Meu pai fez assim comigo e eu estou bem", alguns dizem, sem parar para refletir se aquele método realmente é o melhor ou o mais saudável. Faço um convite para quebrarmos esses ciclos. Porque não, você não precisa repetir tudo o que foi feito com você. A paternidade é também uma oportunidade para o crescimento e a evolução pessoal.

Também vamos tocar em um ponto sensível, mas essencial: a terceirização da criação de nossos filhos. Seja para a escola, para os avós, ou até mesmo para o mundo virtual que cabe na palma da mão das crianças.

E não podemos esquecer das crianças que crescem sem a presença de um pai, vítimas do abandono emocional ou físico. Os números são, para dizer o mínimo, alarmantes. No Brasil, por exemplo, temos cerca de 20 milhões de mães solteiras[2], e aproximadamente 5 milhões de crianças não têm o nome do pai em suas certidões de nascimento[3]. Nos Estados Unidos — pasmem —, 26 dos 27 atiradores responsáveis por grandes tragédias em escolas foram criados sem a presença de um pai em casa.

Por que estamos falando desses números logo na introdução de um livro que pretende ser leve e agradável? Porque quero chamar a atenção para a urgência e a importância do tema, mas sem perder a ternura.

O objetivo aqui não é pesar mais os seus ombros com estatísticas preocupantes e cenários futuros que atrapalham ainda mais o seu sono; é, ao contrário, equipá-lo com as ferramentas e perspectivas que ajudem a melhorar sua vida como pai e esses números enquanto sociedade.

---

[2] Ver em: https://agenciabrasil.ebc.com.br/geral/noticia/2015-05/brasil-tem-mais-de-20-milhoes-de-maes-solteiras-aponta-pesquisa.

[3] Ver em: https://www.jusbrasil.com.br/noticias/brasil-tem-5-5-milhoes-de-criancas-sem-pai-no-registro/217859963.

Quando comecei a escrever este livro, pensava em deixar ele guardado nos meus arquivos, apenas como memórias, mas, sinceramente, se um pai ou uma mãe ler aqui uma frase, uma citação e melhorar 1% da relação de sua família, já estarei imensamente feliz.

Talvez você encontre aqui a validação para práticas que já adotou em sua vida. Talvez descubra novas maneiras de encarar situações que sempre o deixaram perplexo e sem saber o que fazer. Ou talvez apenas encontre conforto em saber que não está sozinho nessa saga incrível, porém desafiadora, que é a paternidade.

Este livro é um convite para explorar novas formas de ser pai, mais conscientes e mais afetivas. Vamos apreciar cada desafio e cada vitória, e aprender como estar verdadeiramente presentes na vida dos nossos pequenos. Não é uma tarefa fácil, mas posso garantir: é a mais recompensadora de todas.

Prepare uma xícara de café ou chá, acomode-se em um lugar confortável e vamos encarar o que não pode mais ser postergado, porque — e aqui temos um clichê realmente verdadeiro — o tempo passa muito rápido! Quando você menos esperar, o seu filho ou a sua filha já estará da sua altura e com uma personalidade completamente formada. O que menos desejamos nesse momento é a sensação de que poderíamos ter feito mais e melhor, certo?

Por outro lado, se a sua meta pessoal é ser um pai perfeito o tempo todo, desista agora! Nós somos imperfeitos por essência, e termos a consciência de que não seremos pacientes, gentis e amorosos em todos os momentos de nossos dias tira um peso das nossas costas e de nossos filhos também. Perfeição não existe, mas por que não tentar ser o melhor pai imperfeito possível?

Ter filhos não é pra todo mundo. É uma experiência grandiosa e possivelmente a mais marcante de nossas vidas, mas se ilude quem pensa que não existem enormes desafios nessa transformação que vivemos ao criar outro ser humano. No fim das contas, paternidade não é apenas uma parte da vida; é a própria vida, vista através de um espelho que reflete nossas falhas, nossas esperanças e, acima de tudo, nosso amor.

    Seja muito bem-vindo a este diálogo sobre o que realmente importa!

QUEBRANDO CICLOS:
A IMPORTÂNCIA DE NÃO REPETIR O PASSADO

"Vamos criar filhos que não precisarão se recuperar de suas infâncias."
(Pam Leo)

Se você me perguntasse alguns anos atrás o que era paternidade, a imagem que viria à minha mente seria a da casa onde cresci, em Rio Claro, no interior de São Paulo.

Eu vivi uma infância muito boa, apenas agradeço aos meus pais pela criação que recebi, mas os dois trabalhavam muito e isso fez com que não pudéssemos aproveitar esse período ao máximo. Minha mãe, subgerente de um banco, saía cedo e voltava tarde; meu pai também estava frequentemente fora. Quem tomava conta de mim era Lena, nossa vizinha, e com apenas seis ou sete meses eu já estava na escolinha.

Ao mesmo tempo, meu amado pai era um homem duro e rígido, um reflexo direto de como foi criado. A história da família era permeada por traumas e dificuldades que eu só vim a conhecer pela minha mãe, já que ele pouco falava sobre sua infância. Ele era o irmão mais velho de uma família de quatro filhos, criada em um ambiente de pobreza e escassez. Para se ter uma ideia, o pequeno "luxo" de uma bola de futebol que ele tinha foi destruído acidentalmente quando escondido em um forno, pois era a forma que ele encontrava de não perdê-la para os irmãos. Depois disso, ele nunca mais teve uma bola de futebol.

Se hoje nós vemos as famosas "palmadas" como algo descabido e antiquado, imagine passar pelo o que ele passou, chegando a ficar amarrado por uma corrente aos pés da cama durante dias inteiros para "não dar trabalho", como costumava dizer minha avó. Era solto apenas ao anoitecer, antes de meu avô chegar em casa. E falando da minha avó, a trajetória dela foi ainda mais dolorosa, tendo visto a sua própria mãe se suicidar via enforcamento.

Pois é, é difícil imaginar o impacto emocional de uma infância como essa. Eu vi o meu pai replicar esses métodos conosco, nos batendo e impondo uma "disciplina" severa. A rigidez com a qual ele sofreu, ele nos transmitiu, mas ao refletir sobre essa história, eu vejo claramente que não é tarde para quebrar esse ciclo vicioso.

E é isso que este livro e minha própria trajetória paterna são: uma tentativa de quebrar ciclos, de não repetir o passado. A paternidade não precisa ser um eco de nossas experiências anteriores; ela pode ser uma edição nova, construída com amor, compreensão e presença emocional.

Mas como fazer isso? Como ser um pai diferente quando o único modelo que você tem é falho ou incompleto?

Primeiro, reconhecendo o problema. Segundo, buscando ajuda, lendo, aprendendo, experimentando e estando presente para notar os efeitos das mudanças que você implementa. Quando começamos a entender que criar um filho é uma oportunidade de fazer melhor, nós nos damos a chance de sermos pais mais conscientes, amorosos e eficazes.

Se você está lendo isso, parabéns: você já deu o primeiro passo na direção de ser o pai que você deseja ser e que seu filho merece ter. No meu caso, eu levei um bom tempo até perceber as lacunas que eu precisava preencher para não transmitir a Eva o que eu mesmo vivi, mas ainda não chegamos nesse ponto da história.

Meu pai trabalhava numa empresa que produzia correias automotivas, e ele guardava uma dessas correias em casa como um instrumento de punição. Eu me lembro como se fosse ontem: após qualquer erro ou peraltice, meu pai não hesitava em usar essa correia para nos "disciplinar" — ou pelo menos era isso o que ele pensava estar fazendo.

Hoje, após anos de reflexão e estudo em psicologia parental, fica claro que o que o meu pai pensava ser "disciplina" eram apenas táticas de intimidação e medo, algo que os especialistas hoje em dia consideram ineficaz e prejudicial ao desenvolvimento emocional e psicológico da criança.

Essa é uma das razões pelas quais acredito na importância de quebrar ciclos negativos. Para ser e fazer diferente, é preciso primeiro reconhecer o que precisa ser mudado. E reconhecimento, mesmo que tardio, é o primeiro passo para a cura e para uma paternidade mais saudável, e, se me permite um primeiro conselho: não siga reproduzindo as atitudes que te feriram. Não passe para a frente os seus traumas. Seu filho não pediu para nascer!

Apesar das nuances difíceis que por vezes marcaram minha relação com meu pai, a maioria das minhas lembranças da infância são maravilhosas, inclusive aquelas ao lado dele. Vivíamos em uma residência acolhedora, num bairro simples. Era uma casa cheia de vida, onde os aromas da cozinha e os sons de risos constantes enchiam o ambiente.

Meus pais eram incansáveis em seus trabalhos, o que, por sua vez, sempre garantiu que nada nos faltasse. Eles eram a base sólida sobre a qual minha vida e a de meu irmão foram construídas. Além de nos prover com o necessário, eles também incutiram em nós valores fundamentais, como honestidade, integridade. Naquela casa, mentiras e desonestidades não tinham lugar.

A escola pública, que frequentei até meus quatorze anos, me trouxe o convívio com pessoas que seguiram por caminhos mais sombrios, digamos assim. Muitos encontraram fins trágicos, vítimas das escolhas que fizeram. No entanto, minha mãe, como uma guia, sempre nos empurrou para longe desses maus exemplos. Sua mensagem era clara e ela tinha altas expectativas para nós, especialmente no campo acadêmico.

— Você não precisa ser o número um, mas tem que estar entre os melhores — ela nos dizia frequentemente. — Se vocês só têm que se concentrar nos estudos e não trabalhar, então deem o seu melhor na escola.

Sua abordagem à educação era tradicional e direta: a escola era o alicerce para o futuro, e não podíamos nunca abrir mão dela.

Em família, as memórias que mais busco guardar são repletas de viagens e aventuras. Regularmente, nossos destinos eram os litorais encantadores de Guaratuba, no Paraná, e Ubatuba, em São Paulo. Era quase uma tradição: todo janeiro, com as férias escolares, rumávamos à praia. Evitávamos o alvoroço do Réveillon, preferindo o sossego dos dias seguintes.

Com carinho, lembro das madrugadas em que nosso carro, uma das queridas Caravans que meu pai possuía, nos carregava pelas estradas afora. Os bancos eram abaixados, as malas arrumadas, e lá estávamos nós — meu irmão e eu — deitados, embalados pelo balançar causado pelo asfalto ruim e pelas histórias contadas.

Muito anos depois, revivi esse ritual com minha própria família, um momento repleto de nostalgia. E hoje, depois de algumas viagens em família com Eva perguntando a cada três minutos "estamos chegando?", eu percebo o quanto meus pais realmente amavam meu irmão e eu.

Meu pai chegou a ocupar os cargos de presidência e direção social de um clube local. Aquele lugar, com suas diversas atividades como tênis, natação e futebol, era quase uma extensão de nossa casa. Mesmo que meu pai não fosse exatamente efusivo em suas demonstrações de carinho, ali ele nos deixava livres, e talvez essa fosse uma das formas dele dizer "eu te amo". Eu, por minha vez, vivia entre as piscinas e os campos, aproveitando cada momento.

Apesar da imprevisibilidade emocional de meu pai, nossa criação foi solidamente ancorada em valores firmes. Aprendemos desde cedo: a moralidade e a integridade não dependem da opinião da maioria. É o famoso "você não é todo mundo". Mesmo que todos estejam fazendo, o errado nunca se torna certo.

E assim, nesse aparente paradoxo entre rigidez e ternura, eu cresci e posso dizer com convicção que não carrego traumas ou ressentimentos daquelas épocas. Nos anos finais da vida de meu pai, nossa relação transformou-se de maneira surpreendente. A chegada de minha filha, sua neta, foi um divisor de águas. Parecia que todo o amor e o carinho que ele havia retido ao longo dos anos jorravam em direção a ela.

Era como se ela tivesse despertado um lado adormecido dele, permitindo que expressasse todo o seu afeto de maneira inédita.

Ele passou a ser um avô dedicado, indulgente e carinhoso. A impulsividade e a rigidez de outrora suavizaram-se e, quando ele nos deixou, partiu sem dever nada a ninguém, sem rancor ou mágoa pendentes entre nós.

Aos 15 anos, minha vida escolar tomou um novo rumo. Troquei de colégio e me deparei com um ambiente muito diferente, repleto de jovens de famílias mais abastadas. Eles exibiam coisas que eu nem sonhava ter e, como todo adolescente, a comparação era quase inevitável. Olhava para os tênis de marca, ouvia sobre as festas badaladas e queria fazer parte daquilo tudo.

O local mais cobiçado de nossa cidade era uma balada chamada "Provisório". Todos queriam estar lá, e eu não era exceção, mas as entradas não eram baratas, e meus pais, embora compreensivos, não podiam arcar com todas as minhas saídas. Então, decidi tomar as rédeas da situação.

Em uma época em que qualquer um era chamado de "*promoter*", vi uma oportunidade. Conheci o proprietário do local e comecei a vender ingressos, garantindo não apenas minha entrada gratuita, mas também uma comissão por cada venda e algumas regalias, como bebidas e acesso ao camarote — um verdadeiro chamariz para impressionar os colegas e as garotas.

Com uma bicicleta como meio de transporte, fazia as entregas por toda a cidade. E, nesse ponto, meu pai, sempre tão rigoroso, mostrou-se um grande aliado. Ele me apoiava, levando-me aos pontos de entrega mais distantes, e comemorava cada pequeno sucesso.

Com as festas garantidas e uma renda extra no bolso, comecei a me sentir mais independente. Nas férias, ainda tentava trabalhar na fábrica com meu pai, situada ao lado da casa da minha avó, mas o calor de janeiro e a piscina convidativa da chácara eram tentações difíceis de resistir. E, claro, as distrações culinárias de minha avó não ajudavam.

Quando meu pai olhava para o lado, eu não estava lá, mas ele não levava muito tempo para me encontrar. Lá estava eu relaxando na piscina ou saboreando um bolinho fresco, o que sempre levava a pequenas brigas. Eventualmente, decidi que talvez aquele não fosse o melhor lugar para mim e que era hora de buscar meu próprio caminho.

Ao iniciar minha vida universitária, já tinha uma noção do que queria. Meu irmão, bem mais velho e já na faculdade, havia optado pela área da saúde, mas eu sabia que nem saúde nem exatas eram para mim. Dada minha inclinação para a comunicação, decidi que Publicidade era o percurso a seguir.

Nos primeiros meses de curso, logo vi que não queria trabalhar em agências e passei a buscar oportunidades em setores de marketing de indústrias e empresas da região.

Depois de algumas idas e vindas, já familiarizado com o mercado de trabalho, em 2011 dei um dos passos mais importantes da minha história. Deixei a casa dos meus pais e me aventurei rumo ao sul do Brasil, onde, após uma breve passagem por uma outra empresa, encontrei meu caminho na Heineken. Durante uma década, mergulhei de cabeça na área comercial e de *trade marketing* da gigante cervejeira e transformei o trabalho na quase totalidade da minha vida.

Sobre meu pai e seu envolvimento em minhas escolhas profissionais? Era um misto de neutralidade e apoio. Ele não tentava influenciar minhas decisões, mas, dentro de suas próprias vivências e saberes, desejava ver seus filhos prosperando. A frequência com que me visitava — mais tarde acho que mais para ver minha esposa e filha do que eu mesmo — era um testemunho desse carinho.

E, sem dúvidas, trabalhar para a Heineken era motivo de orgulho para ele. Cada vez que tinha a chance de beber uma Heineken, fazia questão de me enviar uma foto. E eu, é claro, sempre guardava para ele algumas lembranças da marca: copos, bonés, camisetas e outros brindes.

Mas talvez o que mais marcou essa fase foram as experiências inesquecíveis que pude proporcionar a ele, graças à empresa. Visitamos Amsterdã e, munido de meu crachá, tivemos uma experiência VIP na sede da cervejaria, visitando escritórios e conhecendo a empresa por dentro. Além disso, pude levá-lo a uma corrida da Fórmula 1, onde desfrutamos de um camarote exclusivo e tivemos contato com os melhores pilotos da época.

Era evidente que, para ele, mais do que as mordomias e experiências, o que realmente importava era o orgulho de ver o filho fazendo parte de algo grandioso. Para mim, era mais do que um emprego; era uma celebração de conquistas e laços familiares. Era um atestado que eu dava a meus pais de como a educação transmitida por eles estava gerando frutos incríveis.

Em Porto Alegre, tive o privilégio de conhecer a Catarina. Ela estava imersa em seus estudos de medicina, vivendo com seu irmão, enquanto eu já estava inserido no mundo corporativo, vivendo por conta própria. Nosso relacionamento floresceu rapidamente, mesmo eu tendo oferecido um macarrão com molho pronto e requeijão em uma de suas primeiras visitas ao meu apartamento!

Minha esposa tinha uma visão muito clara de sua carreira. Dedicada ao extremo, ela compartilhava com todos, incluindo minha mãe, que a maternidade não estava em seus planos, principalmente devido às demandas de sua profissão e à perspectiva de mais anos dedicados ao estudo, na residência de cirurgia plástica.

Mas a verdade é que a vida não está nem aí para os nossos planos. Quando um futuro apenas a dois parecia certo e traçado, descobrimos que estávamos esperando uma filha.

Embora eu estivesse repleto de entusiasmo com a ideia de ser pai, compreendia a hesitação de minha esposa, especialmente considerando seu antigo desejo de não ter filhos. Felizmente, aos poucos, ela começou a se adaptar à ideia, e juntos entramos no ritmo da gravidez.

Com o zelo característico de uma médica, ela garantia que todos os exames e acompanhamentos fossem feitos meticulosamente e passou a amar o pequeno ser que carregava no ventre — como veremos mais para a frente, o desenvolvimento desse amor costuma acontecer de forma bem diferente entre pais e mães.

Enquanto isso, meu trabalho me fazia viajar constantemente, quase sempre para São Paulo. É estranho pensar, olhando agora, o quanto nossa vida era agitada e sem sentido antes da pandemia. A empresa gastava milhões de reais com passagens, eu gastava horas e horas sentado em um avião apenas para me reunir durante um almoço com um parceiro comercial. Videoconferência? Zoom? Teams? Era considerado coisa de *startup* cujo quadro societário se compunha apenas por *hippies*.

Em uma dessas manhãs de pura correria, a apenas algumas semanas da data programada para o parto, me preparava para outra dessas viagens-relâmpago quando, talvez pela primeira vez na vida, tive que colocar o trabalho em segundo plano: minha esposa ligou para dizer que sua bolsa havia estourado.

Imediatamente, avisei meu chefe e voltei para casa. Ela, com a serenidade de quem conhece o processo, se arrumou com toda a paciência do mundo — se maquiou e tudo! —, enquanto eu chamava meus pais para pegarem a estrada e irem até Santa Catarina conhecer a neta.

E assim, em uma segunda-feira de julho de 2017, às 8h07 da manhã, nossa pequena Eva veio ao mundo por meio de uma cesárea, em um parto tranquilo e sem complicações. Sendo você pai ou não, certamente pode imaginar como esse período inicial pós-nascimento foi repleto de emoções e sentimentos intensos.

Acredito que uma parte considerável dos homens, ao saber que vai ser pai, pensa em um menino. *Vou levar pra jogar bola, luta, assistir ao futebol no estádio, vai ser meu parceiro*, pensamos. Não que isso seja uma preferência, mas talvez porque nossa infância foi de um jeito que queremos repetir com um menino, ou simplesmente porque vivemos isso e achamos que ser criança é uma mistura de futebol, dedo do pé machucado e arranhões pelo corpo.

E aí vem o "mundo rosa" mostrar que, na verdade, o que todo homem precisa é de um pouco mais de doçura perto de si, um amor diferente, uma delicadeza que só uma princesinha pode oferecer.

Quando me perguntam sobre o que senti ao pegar minha filha nos braços pela primeira vez, digo que é algo indescritível. Muitos falam sobre um amor instantâneo e arrebatador. Para mim, sim, foi um momento de muita felicidade, mas também senti o peso imediato das responsabilidades caindo sobre os meus ombros. Pensava comigo: "Agora é conosco. Somos responsáveis por essa pequena vida".

Lembro-me de ser conduzido a uma sala com ar quente, onde a enfermeira me entregou Eva para que eu pudesse vesti-la com as roupinhas que havíamos escolhido. Passamos apenas alguns minutos juntos antes de sermos separados para que ela fosse levada à sala de recuperação. Já no quarto, fui o escolhido para trocar a primeira fralda da vida da Eva. Não me pergunte como fiz, mas foi feito!

Ao refletir sobre o amor paterno, sinto que o sentimento só cresce com o tempo, assim como em qualquer relação. Pode não ter sido instantâneo, mas certamente foi evolutivo. Cada momento e interação construiu um laço profundo e inquebrável. Hoje, sem dúvidas, amo minha filha muito mais do que no dia em que ela nasceu (e olha que eu já a amava pra caramba!). Após a chegada de Eva, entramos no momento mais difícil das nossas vidas até então. O choro incessante, as trocas de fraldas, a dor da cólica... As noites tornaram-se uma batalha constante contra o sono, especialmente porque nossa pequena Eva jogava duro com a gente nas madrugadas.

Há uma crença de que os primeiros dias com um recém-
-nascido são repletos de ternura e romance. A verdade? Por trás de cada foto bonita postada no Instagram existe uma fralda suja e uma mãe exausta, cujas olheiras contam histórias de noites sem dormir e muito, muito perrengue. Ser pai

ou mãe não é para os fracos de coração. Exige resiliência, paciência e uma força interna inabalável.

Eva, é claro, precisava de sua mãe. De tão unidas, as duas pareciam ser uma única entidade. Minha função? Ser o suporte. Levar água durante a amamentação, pois a sede era constante, e oferecer meu colo nos momentos mais difíceis. Quando a cólica atacava, eu recorria a uma bolsa térmica, aquecida para acalmar o seu corpo. E, nas noites particularmente desafiadoras, colocava Eva em seu bebê conforto e a levava para a sala. Ali, ao lado do sofá, eu tentava pegar no sono, enquanto minha esposa aproveitava algumas horas de descanso merecido.

Mas é aquilo: a licença-paternidade dura apenas cinco dias e, quando pisquei o olho, me vi voltando à rotina do trabalho enquanto ainda navegava pelo caos de ser pai pela primeira vez. Mesmo com o nascimento de Eva em uma segunda-feira, o que me deu o "bônus" de um final de semana adicional, a realidade logo bateu à porta. No escritório, os cumprimentos foram rápidos, os tapinhas nas costas mais secos do que eu imaginava e o ritmo não diminuiu.

Enquanto eu viajava a trabalho, minha esposa seguia enfrentando a maternidade em casa, muitas vezes sozinha com a Eva. Agradeço muito à minha sogra pela sua presença fundamental nesse momento. Ela se tornou nosso porto seguro, frequentemente visitando nossa casa ou acolhendo minha esposa e filha na sua.

No entanto, um desafio mais sombrio se escondia entre esses primeiros dias de vida da recém-nascida: a depressão pós-parto. Aquele furacão de emoções, pressões e hormônios inundou minha esposa, colocando uma camada extra de dificuldade naquele que já era o nosso maior desafio.

Lembro-me como se fosse hoje de um dia em particular: estava prestes a viajar para o Rio Grande do Sul. Tínhamos passado uma manhã tranquila, e tudo parecia bem quando saí de casa. Porém, menos de uma hora depois, recebi mensagens dela, desesperada e cheia de angústias. Nada havia acontecido, mas era como se o cenário tivesse mudado completamente em um piscar de olhos. São sentimentos que não podemos explicar, apenas oferecer todo o nosso apoio.

Uma mentalidade persistente entre muitos pais é a pressão autoimposta de "precisar fazer mais" ao descobrir a chegada de um filho. Trocar o carro, mudar de apartamento, adquirir tudo novo para o bebê... Parece que há uma lista interminável de responsabilidades que se acumulam. E, naquele momento, tão imerso em minha carreira, me vi envolto exatamente por essa mentalidade.

A sociedade, de certa forma, condiciona o homem a pensar assim. Se você perguntar a cem pais (presentes), dezenas compartilharão sentimentos semelhantes. Durante a licença-maternidade de minha esposa, senti que minha responsabilidade era trabalhar mais, cobrindo todas as despesas. Em vez de desacelerar e estar presente, senti a necessidade de acelerar, aceitando todos os projetos que jogavam na minha mesa e viajando para onde fosse "necessário".

Nunca fui um pai ausente. Na verdade, nos momentos em que estava em casa, eu me entregava completamente à minha filha. A sensação de colocá-la para dormir em meu peito era incomparável, mas admito que nunca negava uma proposta de trabalho. Se surgisse uma viagem de negócios, ajustava minha agenda e partia.

Minha motivação era garantir o melhor para nossa família, mas com o passar do tempo, percebi uma verdade simples: para uma criança pequena, o mundo é sua família. Ela não entende se o pai é milionário ou se passa fome para manter as contas de casa. O que realmente importa para ela é um ambiente acolhedor, amor, carinho e atenção. Uma criança precisa se sentir segura e protegida. Tudo o que ela realmente deseja é o leite materno, uma roupa limpa e o aconchego dos pais.

Muitos pais, infelizmente, são levados a crer que devem se sacrificar ao máximo, trabalhando longas horas para oferecer o "melhor" aos filhos: uma escola de renome, as roupas da moda ou os brinquedos mais recentes. Entretanto, na busca incessante por prover o conforto (ou o luxo) material, negligenciam o que é genuinamente essencial: o tempo e a presença. Aquilo que deveria ser priorizado — momentos juntos, acompanhando o crescimento e os marcos da criança — acaba sendo esquecido, perdendo-se na correria do dia a dia.

Em busca de um respiro, decidimos viajar para Buenos Aires no início de 2018. Alugamos um apartamento e vivemos uma combinação de lazer e estudo, pois estava aprimorando meu espanhol. Minha esposa e filha exploravam os encantos portenhos enquanto eu estava em aula, e à noite nos encontrávamos nos passeios. Até minha sogra se juntou a nós por alguns dias.

Ao voltarmos, minha esposa retomou sua carreira, e eu, lógico, voltei à minha agenda lotada de sempre.

Com essa rotina, perdi momentos preciosos da vida de minha filha. Não estava lá quando ela engatinhou pela primeira vez, por exemplo. Estava ausente em muitos dos dias da semana, e meus retornos eram marcados por tentativas de compensar o tempo perdido. Ainda assim, não substituíram as ausências. Agora, percebo que meu desejo por um segundo filho pode ser uma forma de redenção, uma chance de estar verdadeiramente presente o tempo todo, de viver plenamente a paternidade que talvez tenha me escapado durante os primeiros anos de Eva.

Pois é, ser pai é um equilíbrio constante entre a culpa e o amor. Há momentos em que nos questionamos: fui rigoroso demais? Dei atenção insuficiente? Trabalhei mais do que deveria? Mas, em retrospecto, sei que fiz o que julgava certo. Eu não estava longe por diversão, curtindo uma praia ou jogando conversa fora em um bar; estava trabalhando, tentando garantir que nada faltasse em casa.

Até que, com o tempo, percebi que talvez minha presença fosse mais valiosa do que qualquer quantia que eu pudesse prover.

—

A pandemia foi o despertar que eu precisava. Minhas viagens continuavam, agora com responsabilidades sobre os três estados do sul. Minha esposa, por sua vez, estava entrando firmemente em sua especialidade: cirurgia. E foi então que o inesperado aconteceu: o bendito coronavírus.

Com a Heineken suspendendo todas as viagens, fui confrontado com um vazio que nunca tinha sentido antes. Era por volta de 16 ou 18 de março quando sete e-mails de cancelamento de viagens encheram minha caixa de entrada. Para alguém acostumado a uma vida em trânsito, aquela pausa forçada parecia que me deixaria maluco... até que eu entendi: a loucura estava na correria desenfreada, e não no suspiro de descanso.

De repente, me vi com quase dois meses de férias pela frente. Em uma década, nunca havia vivido tanto tempo sem trabalhar, mas, assim como muitos, acreditava que em pouco tempo tudo voltaria ao normal.

A rotina da minha esposa também foi impactada. Ela, que antes operava em cirurgias eletivas e tinha um cronograma bem definido, viu-se convocada para plantões e teve o dia a dia virado de ponta cabeça. Enquanto isso, trabalhei para ajudá-la a encontrar oportunidades em clínicas próximas, graças a alguns contatos que eu tinha.

Em meio a essa pausa forçada, não consegui ficar parado. Tinha acabado de alugar um espaço para uma hamburgueria e, com o *lockdown* declarado logo em seguida, me vi em um beco sem saída, mas decidi usar meu período de férias para, de alguma forma, dar vida ao novo empreendimento. Sim, não parecia o momento ideal para abrir um negócio.

O ano de 2020 passou, e a Heineken comunicou que não haveria mais viagens naquele período. Foi em 2021 que a ideia de uma mudança radical começou a ganhar forma em minha mente. Talvez fosse hora de um novo capítulo.

No início, confortavelmente instalado em casa, trabalhando ao lado da minha família, a ideia de mudança ainda era nebulosa. Via uma luz no fim do túnel, tudo parecia estar se encaminhando para uma rotina em que eu seguia trabalhando na mesma empresa enquanto conseguia ver a minha filha crescer e passar os dias ao seu lado.

Mas julho de 2021 trouxe um golpe devastador: a perda do meu pai.

Ele veio a Santa Catarina, e foi minha esposa quem descobriu sua doença. Submeteu-se a uma cirurgia bem-sucedida em Balneário Camboriú na segunda-feira, mas na quinta daquela mesma semana o que ninguém esperava aconteceu. Ele nos deixou no dia 15 de julho, em meio a planos de comemorações familiares. Seriam quarenta dias juntos e três aniversários de pessoas diferentes a celebrar.

Todos os planos foram para o lixo, assim como a minha saúde mental.

A depressão, independentemente da causa, é uma força invisível e avassaladora. Ela se infiltra sorrateiramente em nossa mente, ameaçando nosso equilíbrio. Sei disso porque, justamente quando tínhamos nos fortalecido e o pior parecia ter passado, veio a morte de meu pai, e foi a minha vez de mergulhar nesse abismo.

Mas, em momentos difíceis, nossos filhos podem ser tanto o desafio quanto a solução. A simples presença deles nos lembra da necessidade de superar, de enfrentar o que tiver para ser enfrentado, porque eles dependem de nós. E ao enxergar a inocência e a esperança nos olhos da Eva, eu e minha esposa encontramos a força necessária para vencer não só as noites em claro, mas a depressão e o luto. Muitas vezes, eu me aproximava da Eva, a abraçava e beijava, e ela ficava feliz, mas mal sabia ela que quem realmente estava precisando daquele contato era eu.

ABRAÇAR MINHA FILHA É COMO SE ME REINICIASSE.

Com o coração partido e a preocupação com minha mãe, que estava devastada, precisei de um tempo. Pedi férias e dediquei aqueles dias para estar com ela, para curarmos as feridas e chorarmos juntos.

Quando setembro de 2021 chegou, os *lockdowns* desapareceram e o trabalho como era antigamente retornou com tudo. Em outubro ou novembro, meu então chefe anunciou o retorno às agendas normais e viagens. Todo mundo comemorou como se fosse a melhor notícia do mundo, mas eu me sentia regredindo. Para mim, tudo aquilo representava uma volta a um passado que não queria mais reviver.

De repente, na primeira dessas viagens, me vi cercado por colegas da empresa, e aquela atmosfera corporativa era familiar, mas com uma diferença: eu era incapaz de suportar aquele ambiente por mais um dia sequer.

Nesse momento, um pensamento claro tomou conta da minha cabeça: "Isso já não é mais para mim". Esse mundo e essa rotina não faziam mais sentido para quem eu havia me tornado. A combinação da pandemia, da inauguração do meu negócio e da perda do meu pai tinham redefinido minhas prioridades.

Eu sabia que era hora de viver de acordo com o que realmente importava.

Após aquela viagem, ao voltar para casa, olhei para minha esposa e disse:

— Vou sair.

Embora ela tentasse acalmar meus sentimentos bagunçados, a decisão estava tomada.

Antes de chegar a esse ponto, três fatos isolados aconteceram e já vinham alimentando o meu desejo de abandonar de vez a vida de viagens e ausências:

1. Aniversário de um aninho da Eva: eu estava onde? Viajando a trabalho! E meu chefe disse: *"Ela nem vai lembrar, relaxa"*;

2. Catarina me enviou um vídeo da Eva engatinhando pela primeira vez;

3. Apresentação do Dia dos Pais na escolinha: novamente eu estava viajando, e meu cunhado enviou a foto dele com minha sobrinha e a Eva juntas.

Quando abri a foto, estava chegando no pedágio e, sozinho, comecei a chorar, não acreditando que perdi por estar trabalhando. A atendente não entendeu nada e eu segui, com um sentimento absurdo de que eu precisava começar a reprogramar a minha vida para estar presente e acompanhar ao vivo esses momentos, do outro lado da tela.

Quase dois anos trabalhando em casa haviam se passado. Nesse período, minha relação com minha filha se aprofundou imensamente e, no final de novembro, coloquei a minha decisão em prática e saí da Heineken.

O peso da responsabilidade era grande, mas também catalisador. A princípio, o termo "autoajuda" parecia clichê, mas percebi que precisava ignorar os preconceitos e buscar o aprendizado em suas mais diversas formas. Valorizar o que possuía, gerenciar minha ansiedade e estar presente para minha família tornou-se minha prioridade.

Minha filha sempre foi muito emotiva. Suas lágrimas fluem facilmente, mas em um piscar de olhos, o seu sorriso retorna. Para entender melhor esse mar de sentimentos, mergulhei em leituras e vídeos, buscando compreender a profundidade da sua natureza sensível.

Diante dessas experiências, assumi um papel mais presente e ativo na vida da Eva. Uma mentora próxima sugeriu que a personalidade dela necessitava de uma proximidade parental consistente, e eu concordei. Decidi adaptar a gestão do meu negócio para que pudesse estar mais presente em sua vida diária.

Uma das atividades que escolhemos para fortalecer sua autoconfiança foi a natação. Toda terça e quinta-feira faço questão de levá-la para suas aulas. Essa decisão de estar mais envolvido em sua vida culminou na inspiração para escrever este livro, representando uma extensão natural do meu compromisso com ela e com nosso crescimento em conjunto.

O tempo passado com minha filha redefiniu muitas das minhas concepções sobre paternidade. O simples ato de levá-la à natação transformou-se num ritual de aprendizado mútuo. Com cada riso, lágrima e desafio, ficou evidente para mim que ser pai é muito mais do que simplesmente prover; é estar presente, é ensinar e, mais importante, é aprender.

E assim, enquanto eu me conectava cada dia mais com a minha filha, uma ideia começou a tomar forma. A vontade de compartilhar essas experiências, os desafios, os triunfos e as lições que aprendi no caminho tornou-se quase uma obrigação na minha cabeça.

REDEFININDO A PATERNIDADE: LIÇÕES DA VIDA REAL

"O papel do homem na família é tão importante que Deus o honrou conferindo-lhe Seu próprio título: Pai."
(Voddie Baucham)

Conversar sobre ser pai é como tentar explicar uma receita que a gente ajusta no olhômetro: não tem um único jeito certo de fazer. Cada um de nossos filhos é uma pessoa única, com seus próprios desejos e manias, e a nossa trajetória como pais é tão individual quanto eles.

Tem uns conselhos que a gente ouve por aí que são legais, claro, mas nada é regra de ouro. O mais importante é esse jogo de cintura, essa capacidade de aprender e se adaptar que a gente desenvolve. No fim das contas, o ingrediente que não pode faltar é o amor de pai, a vontade de entender e aquela dedicação de quem faz tudo pelo bem dos pequenos.

Então, quando eu escrevo aqui, não é para bancar o expert, mas para bater um papo de igual para igual e trocar experiências. Porque pode ser que alguma coisa que vivi ou aprendi faça sentido para você, ou que você consiga adaptar para a sua realidade.

No mundo atual, tudo vira motivo de debate e, como não poderia ser diferente, as escolhas de como ser pai também entram nessa roda. Por exemplo, quando eu digo que é importante dedicar um tempo para estar com os filhos, pode parecer simples para alguns e complicado para outros. Não é sobre ter dinheiro ou tempo livre; é sobre fazer o melhor dentro da nossa realidade, buscar esses momentos para fortalecer os laços com nossos filhos.

O que eu quero compartilhar são reflexões, erros, acertos e aprendizados que considero valiosos. E é importante entender que todos estamos juntos nessa caminhada de aprendizado. A paternidade é um processo contínuo de evolução, e o que conta mesmo é o amor e a dedicação aos nossos filhos, que veem a gente como seus primeiros exemplos de vida.

Pronto para continuar essa conversa e aprendermos juntos? Vamos nessa!

QUAL FUTURO VOCÊ DESEJA PARA O SEU FILHO?

"Ensina a criança no caminho em que deve andar, e mesmo quando for idoso não se desviará dele."
(Provérbios 22:6)

Pense num moleque que cresceu num canto abandonado do Rio de Janeiro, onde parece que a ajuda do governo nunca dá as caras. O pequeno passou por várias situações que nenhuma criança — na verdade, nenhuma pessoa, independentemente da idade — deveria passar. Ele teve, inclusive, que encarar o próprio pai sendo assassinado, ali, no meio da sala deles. E não parou por aí: as paredes de casa, que mal davam conta do vento, deixavam passar cada grito e risada da noite, quando a mãe dele trazia visitas que mudavam de rosto a cada semana.

O garoto, desde cedo, foi pegando o jeito do lugar, captando cada pedaço de dor e revolta que tinha no ar. Então, em vez de brincar de carrinho e pipa, o menino achou outra atividade: virou olheiro para os caras do movimento. Com seus 17 anos, já estava no fundo do poço do crime e, dando continuação ao ciclo daquele ambiente, acabou marcando sua vida e a de outra família com uma tragédia: durante um assalto, tirou a vida de um trabalhador.

Essa história, que pode ser fictícia, mas que a gente sabe que acontece o tempo todo, mostra bem como os primeiros anos de vida são chave para o que a criança se tornará lá na frente. O que acontece dentro de casa, o que a criançada vê e vive, isso vai ditar o caminho deles, para melhor ou para pior.

Agora, vamos imaginar outro cenário. Pense numa criança que tem tudo do bom e do melhor em casa: amor, incentivo, um chão firme para pisar e uma cama quentinha para dormir. No lugar de zona e confusão, o que ela vê é abraço, conversa que soma e muita gargalhada. Essa criança aprende a se comunicar com os outros, a levar a vida com respeito e se garante na escola e na rua.

Se a criança vive num *looping* de berros e broncas, não é de espantar que ela leve essas mesmas atitudes para a escola, seja partindo pra briga ou se fechando na dela. E não precisa nem ser o ambiente extremo que eu relatei no começo, não; se os pais vivem com a cara grudada no celular ou no computador, é natural que os pequenos sigam o mesmo roteiro.

"Ah, Rafael, nada a ver isso." Ninguém precisa ser vidente ou ter qualquer poder para ao menos imaginar as possibilidades do futuro de alguém. Explico: uma pessoa que se droga, está sempre em festas e vive de forma irresponsável, o que você já pensa do futuro dela? Alguém que gasta muito dinheiro em itens supérfluos, gasta mais do que ganha mês após mês, é bem provável que enfrentará sérios problemas financeiros, concorda? Então os hábitos e o ambiente que estamos inseridos refletem no que vamos colher no futuro? SIM!

Com as crianças, a lógica é a mesma!

Então, está na hora de pausar e pensar na moral da história: o que fazemos e como agimos em casa é essencial para que a molecada cresça bem. Se nós queremos que os nossos filhos tenham um futuro brilhante, temos que começar ajeitando as coisas desde a base e no nosso próprio dia a dia.

A CONSTRUÇÃO DA AUTOESTIMA

"A força de uma pessoa é determinada pela sua infância."
(Freud)

A autoestima é uma das bases do ser humano, e nós a construímos logo na infância, lá nas trocas diárias com quem cuida da gente. Se essa base for firme e forte, aguenta o tranco das dificuldades e dúvidas da vida. Agora, se for daquelas mais ou menos, qualquer ventania maior pode fazer tudo balançar e desabar.

Lendo comentários na internet sobre isso, vejo um monte de gente triste e frustrada porque nunca recebeu apoio dos pais.

Pode até ser que fosse outro tempo, quando ninguém falava muito sobre o que sentia, os "eu te amo" eram coisa rara e abraço era luxo, mas segue sendo difícil para esses filhos lidarem com a falta desse afeto. Essa turma cresceu com um vazio, sempre atrás de alguém que dê a validação que eles não receberam quando estavam mais vulneráveis e dependentes.

É por isso que, no meu caso, com minha filhota de 6 anos, eu faço questão de que ela viva envolta de muito carinho e proteção. Quero que ela cresça sabendo que a aprovação que importa está em casa, na sua família, e não precisa ir atrás de curtida de quem nem conhece.

— O que você nunca pode esquecer? — É a pergunta que faço pra minha pequena. E ela, com aquele brilho nos olhos que só as crianças têm, solta:

— Que você me ama, papai.

E é isso que deixa qualquer criança com a sua confiança firme, sabendo que não importa o que acontece lá fora, ela sempre terá aquele canto seguro e cheio de amor para voltar.

Estar presente, mostrar todo dia que ama e estar junto de verdade são as atitudes que moldam uma autoestima saudável no seu filho. E essa autoestima será uma bússola para ele, mostrando o caminho nas escolhas, nas parcerias, em tudo na vida.

Construir a autoestima de uma criança não é fazer elogios o tempo todo e dizer que o rabisco sem forma no papel está lindo. Claro que palavras positivas sempre são bem-vindas, mas acredito que elogiar o processo causa efeitos mais positivos. Por exemplo, em vez de apenas elogiar o desenho, eu falo que está melhorando, porque vi que a Eva se esforçou em pintar dentro da linha. Quando ela acerta contas simples de matemática, não digo que é inteligente, mas enfatizo que gosto de vê-la parar, pensar e contar com os dedinhos até chegar no número certo.

E acredito que isso vale pra tudo! Elogiar o processo e a evolução sempre trará bons resultados. Se a criança quer lavar a louça ou arrumar a cama, deixe ela fazer. Observe, reconheça a dedicação e, o que for necessário arrumar, mostre como faz e acompanhe a próxima tentativa. Quando minha filha acerta e evolui, a minha frase é padrão:

— Viu? Quando você se concentra e se dedica, você consegue!

Dessa forma, facilitamos o processo de desenvolvimento da autoestima e autonomia das crianças. Palavras positivas, colocadas na hora certa, têm um poder imenso. Cada "amo você", abraço, conversa olho no olho é um tijolo que vai fortalecendo a criança por dentro, fazendo ela crescer pronta para encarar o mundo com garra, coragem e aquela honestidade de quem sabe quem é e de onde veio.

OS RISCOS DA COMPARAÇÃO

"Todo mundo é um gênio. Mas se você julgar um peixe por sua habilidade de subir em árvores, ele vai passar a vida toda acreditando que é estúpido."
(Albert Einstein)

Criar um filho é como ser artista plástico com a argila em mãos. Cada coisa que a gente fala e faz é capaz de moldar o jeitinho dele ser, ou seja, é uma responsabilidade e tanto! É como se a gente tivesse o superpoder de marcar o coraçãozinho deles pra sempre.

Com frequência eu escuto alguns pais falando: "Poxa, o Fulaninho já tá lendo, e o meu pequeno ainda tá no ABC", ou então "A Ciclaninha é fera nos números, e a minha filha nem tanto". A comparação pode até ter dois lados para os adultos, pois às vezes dá um empurrãozinho pra gente melhorar em alguma coisa, mas pra molecada isso só pesa e faz com que eles se sintam por baixo, como se não fossem tão bons quanto deveriam.

Nós temos uma afilhada que é pura pilha, vive a mil, enquanto a nossa Eva é mais na dela, gosta de curtir o mundo de um jeito mais calmo e contemplativo. Cada uma tem seu tempo, suas manias, seus dons, mas nós, adultos, temos o costume terrível de ficar medindo elas, como se a vida fosse um campeonato de quem faz mais ou quem é melhor.

Lembro bem quando a Eva tinha uma certa dificuldade com comida, era uma luta para ela aceitar novos sabores. E quase toda semana eu escutava: "Nossa, mas a Maia já come de tudo, hein!". É até natural criarmos essas comparações na cabeça, mas o que a gente faz com isso é que muda o jogo.

Introdução alimentar também pode ser um grande desafio, e aí tem quem diga:

— Meu filho só come doce e toma refrigerante! — Ué, mas quem comprou o refrigerante pra ele? Quem deixou ele provar pela primeira vez?

Precisamos entender que cada criança é um mundo de possibilidades. Não podemos comparar ou criticar caso eles não ajam exatamente como a gente imaginava.

Lembre-se: há um outro ser humano ali. Apesar de termos o poder de moldá-los, ele tem a sua própria natureza, a sua própria personalidade, e precisamos respeitá-las. A chave é ter paciência, dar força e amor. E quando ela toma coragem pra encarar algo novo, como andar de bicicleta, já aviso que vai ter tombo.

— Pode ralar o joelho, vai doer, mas é assim mesmo. Estou aqui do lado.

É nessas horas que a gente eleva a confiança dela. Em vez de soltar um "isso não é pra você" ou comparar a criança com a amiga que já está dando show de bike, ensinamos que todo mundo tem suas dificuldades e seu tempo particular de aprendizado. O que importa mesmo é a coragem de tentar e a garra para não desistir.

DUREZA E PERMISSIVIDADE: HÁ UM MEIO TERMO?

"Educar respeitosamente não significa que não temos desafios. Significa que estamos praticando reagir aos desafios sem causar danos."
(Lelia Schott)

Entendo quando dizem que é preciso ter pulso firme com os pequenos porque o mundo lá fora não dá mole. Mas, se a gente pegar pesado demais, o resultado pode ser o oposto do esperado. Em vez de deixá-los prontos para o ringue que é o mundo, acabamos botando na cabeça deles um medo de dar com a cara na parede, de levar um tombo tentando alguma coisa nova.

Nossa responsabilidade é garantir que eles tenham um alicerce firme para se jogar na batalha da vida, que, como sabemos, não é mesmo fácil. Esse alicerce, sim, tem que ser construído no respeito, no colo e no apoio, mas sem confundir com permissividade, que seria deixar tudo correr conforme o desejo imediato da criança. Se agir assim, ela pode achar que a vida é moleza, e quando se tocar que não é, o choque vai ser grande. Pois é. É uma linha tênue, e se equilibrar nesse limite é um dos grandes desafios de ser pai ou mãe.

Certo dia eu estava jogando cartas com a Eva. Ela, com aquela ânsia de ganhar, desrespeitou uma regra só pra sair por cima. Na hora, eu travei o jogo e zerei o placar. Ela tinha quebrado uma regra preestabelecida, ultrapassado um limite, mesmo que não fosse nada muito importante para nós. Mas esse detalhe, essa escorregada, é uma daquelas que tem que ser ajustada no ato. Porque quando é pra valer, quando o jogo é de verdade, na correria da vida, ela terá que jogar limpo, seguindo todas as leis e diretrizes. Então, se a gente se torna permissivo demais e deixa passar esses deslizes simples, pode acabar ensinando o contrário pra molecada.

Depois que a gente reiniciou o jogo e eu acabei levando a melhor, vi que os olhinhos dela começaram a se encher de lágrimas, a frustração desenhada no rosto dela. Respirei fundo e, com as cartas ainda na mão, falei com jeitinho, mas também com firmeza:

— Filha, na vida a gente não ganha todas. E tá tudo certo. Mais tarde a gente tenta de novo, e você vai ter outra chance.

Ao longo dos dias, dos meses, dos anos, eu estou ali, ao seu lado, tentando passar para Eva a necessidade de ser forte, de não se entregar com facilidade, mas sem nunca economizar na dose do amor e do carinho. É difícil achar o ponto certo, eu sei, mas muitas vezes a gente fica preso nas ideias antigas e nos valores que já não condizem mais com o conhecimento existente sobre o assunto hoje em dia.

Agora, quando o assunto é o choro da criança, não há dúvidas sobre como agir. O choro é o jeito delas dizerem "pai, tô aqui, preciso de uma ajuda". Então, quando ouço aquela conversa de "deixa chorar", eu fico indignado: o que estamos ensinando para o pequeno sobre poder contar com alguém, sobre se sentir seguro? Se estando em seu ponto máximo de vulnerabilidade, sendo só um bebê, ele não pode confiar nos próprios pais para ter o básico, como que vai ser lá na frente, com o resto do mundo?

Nesse aspecto não tem linha tênue. Não tem meio-termo. Se o bebê chora, você chega junto, tenta entender o que está acontecendo e resolve. Essa é a sua responsabilidade, a missão número um de qualquer pai ou mãe.

Sempre ouço alguns pais falando sobre como era antigamente, com aquela ponta de orgulho na voz: "Naquele tempo era diferente, era tudo mais duro. Meu velho olhava e a gente já sabia o que fazer". Mas e aí, será que aquilo era respeito de verdade, ou era só medo? E mais, é esse o tipo de herança que a gente quer deixar para a próxima geração?

Não podemos ficar presos ao que era feito antigamente, dizendo que "com a gente funcionou". O mundo mudou completamente. A sociedade está num outro nível. Até para pedir pizza hoje é completamente diferente do que era no passado. Então, por que a paternidade não deveria seguir a mesma trajetória de mudança e adaptação?

SE VOCÊ CHORAR NA FRENTE DE UMA CRIANÇA, ELA NÃO VAI TE BATER OU GRITAR PARA VOCÊ PARAR. PROVAVELMENTE ELA VAI TE ABRAÇAR E ATÉ LHE OFERECER UM BRINQUEDO

Se você chorar na frente de uma criança, ela não vai te bater ou gritar para você parar. Provavelmente ela vai te abraçar e até lhe oferecer um brinquedo. Em um momento assim, fica claro o quanto temos que aprender com elas.

Tem pai que reclama que os filhos viram umas incógnitas na adolescência, cheios de segredos e distância. Mas já parou para pensar na fundação que botou ali, enquanto o filho era moleque? Quando ele chegava com algum peso na consciência ou dúvida existencial, como é que você agiu diante disso? Você abriu o jogo ou levantou uma muralha de julgamento e bronca? A culpa não é da adolescência; a gente colhe o que planta. Os laços que você constrói com seu filho hoje serão a base do relacionamento de vocês no futuro.

Imagine que, quando você envelhecer, seu filho ou filha cuidará de você exatamente da mesma forma que você agia com ele(a) quando era criança. Isso te deixa tranquilo ou te assusta?

É de cortar o coração saber da existência de pais que deixam os filhos trancados no quarto, jogados lá dentro com medo e ninguém por perto. As crianças são como esponjas, absorvem cada coisinha que a gente faz, cada palavra que a gente solta, cada sentimento que a gente joga no ar. Se a gente dá medo e frieza, a gente está criando uma pessoa que se esconde e fica muda conosco; agora, se a gente dá amor, a gente colhe aquele carinho que só filho sabe dar — e ó, não tem coisa mais linda no mundo.

Num Dia dos Pais, enquanto o sol nem tinha dado as caras e eu curtia um café na paz, ouvi uns sons baixinhos vindo do quarto. Minha pequena tinha decidido que a primeira coisa que ela ia fazer no dia era um desenho para mim (ela adora desenhar e frequentemente expressa muito do que está sentindo através dos desenhos que faz). Aquilo não foi só um presente, foi um sinal de que o amor, a atenção e a empatia que a gente transmite todo dia estava dando um fruto incrível: uma relação recíproca de confiança e amor.

Para a gente, os pais, o que vale mesmo não são só os grandes atos, mas aqueles momentos pequenininhos: um desenho feito com amor, um "eu te amo" cochichado, ou aquele abraço que, apesar dos bracinhos frágeis, quase te quebra ao meio. Isso não tem preço, mas para recebermos esse tipo de bênção, temos que fazer por merecer e cumprir nosso papel da melhor forma possível.

TEMPO VELOZ...

"A nossa missão é ensinar nossos filhos a não precisarem de nós. A parte mais difícil dessa missão é aceitar quando a cumprimos com sucesso."
(Isabel Allende)

Um dia você está lá, meio sonolento, trocando fralda. No outro, tentando fazer a criança dormir enquanto quer descobrir o mundo. O intervalo de tempo entre arrumar a bolsa da maternidade e a mochila do início das aulas da primeira série é tão longo quanto um estalar de dedos.

E as brincadeiras na sala, os brinquedos espalhados e aquela bagunça toda? Pois é, um dia, isso vai virar saudade. Aqueles momentos que a gente às vezes queria pular de tão cansativos tornam-se preciosidades na nossa memória quando percebemos que o bebê não é mais um bebê, e a criança está virando adolescente.

Curta cada momento! As apresentações da escola, as primeiras palavras, o primeiro tombo de bike... Tudo isso são momentos únicos, e

O INTERVALO DE TEMPO ENTRE ARRUMAR A BOLSA DA MATERNIDADE E A MOCHILA DO INÍCIO DAS AULAS DA PRIMEIRA SÉRIE É TÃO LONGO QUANTO UM ESTALAR DE DEDOS.

terão só alguns na nossa vida. Aproveite cada gargalhada, cada brincadeira e até os momentos mais difíceis. Porque, vou te dizer, não tem preço ver o crescimento do seu filho bem de pertinho, estar junto em cada fase, cada descoberta.

Lembre-se: você terá mais ou menos 14 verões 100% ao lado deles. Com muita sorte, terá mais que isso, mas com o tempo você já não será a pessoa favorita deles para aquele momento. Faça cada verão valer a pena!

A contagem do tempo na vida de um pai não se guia pelo relógio. É outro compasso, que só bate no coração de quem vê um filho vir ao mundo. O danado do ponteiro começa a girar no instante que se escuta o primeiro choro do bebê, e daí para a frente é um monte de sorrisinhos, tropeços dos primeiros passos e várias descobertas que marcam cada dia. Num piscar, meses viram anos, e aquele pequenininho que segurava firme no nosso dedo já está esticando as asinhas para voar sozinho.

Parece que foi ontem que a gente contava vitória a cada nova palavrinha, a cada nova gracinha, como se aqueles momentos fossem se estender para sempre. Mas num sopro, aqueles dias se foram. Um, dois, seis anos. O tempo, esse bicho sem coração, nem olha para trás.

Outro dia estava jogando conversa fora com a minha esposa, e a gente se deu conta de que nossa forma de sentir o tempo tinha mudado completamente. Agora a gente não conta mais o tempo pelas estações ou pelos grandes acontecimentos do mundo. O que marca nosso calendário é o crescimento da Eva.

— Você lembra quando ela só tinha dois aninhos e meio? — perguntei, lembrando dos dias de pandemia. E foi aí que caiu a ficha que a pequena já estava com seis anos de vida.

E, hoje em dia, essa passagem de tempo é marcada pelas tecnologias e seus lembretes automáticos que, vez ou outra, nos pegam de surpresa com um tapa de nostalgia. Google Fotos, iPhone, não importa — eles todos têm aquele jeito de trazer à tona fotos que são como portais para um passado que não volta mais. Um rostinho bochechudo, uma gargalhada que ecoa no tempo, aqueles olhinhos brilhando de novidade. Cada imagem é uma passagem só de ida para memórias que, por mais que a gente queira, não retornam.

No final de 2023, a Eva concluiu o ensino infantil. Quando recebi a sua foto como convite para a cerimônia de formatura, na mesma hora lembrei que eu também tive a minha foto de conclusão da pré-escola. Eu estava suado, provavelmente estava correndo pelo pátio até poucos minutos antes. Olhar a Eva ali me fez pensar automaticamente que exatos 30 anos separavam as nossas fotos. Cerrei os olhos, tentei me enxergar naquele momento e não consegui ter a noção de que tanto tempo havia se passado.

Então, se jogue no momento presente, viva com intensidade as lições de vida dadas e recebidas. Logo menos, esse mesmo pirralho estará voando solo, construindo ninho próprio, talvez juntando os trapinhos com outra alma, carregando um pouco do que ensinamos e muito do que a vida, por si só, vai ensinar — porque a gente nunca é o único mestre na trajetória de um filho.

Então, enquanto a gente vive a correria sem fim do trabalho, do ganha-pão, da tal provisão, a infância dos nossos filhos vai embora, perdendo-se no vão dos dias. A primeira vez que caminhou, a primeira vez que disse "papai", aquela peça da escola em que, no meio de um monte de luzes e rostos, aqueles olhinhos procuravam a gente na multidão, em busca da confirmação do nosso olhar orgulhoso. Esses instantes são como estrelas cadentes — piscou, perdeu. E a verdade bate doído quando a gente se toca que o que realmente importa não é o tanto de dinheiro que colocamos na mesa, mas sim o tempo, a presença, o amor que a gente entrega.

Claro, o dinheiro compra um monte de coisas: brinquedos, roupas da moda, o celular mais moderno. Mas não tem dinheiro que traga de volta o segundo que se foi, o instante que evaporou. De nada adianta você conquistar quanto dinheiro for se sua família não estiver ao seu lado para desfrutar com você. Esses momentos, uma vez que vão embora, se perdem para sempre, e pior: vão ficando cada vez mais raros.

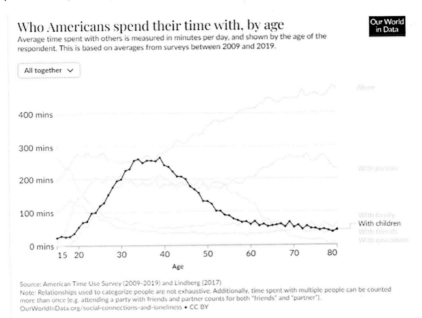

Dá uma olhada nesse gráfico[4] aqui. Está vendo essa linha destacada? Pois é, após os 40 anos, o tempo que a gente passa com os filhos despenca. Claro que alguns vivem isso antes, outros um pouco depois, mas é quase regra: a convivência com a molecada vai minguando conforme envelhecemos.

Até o Daniel Goleman, que é um grande mestre da inteligência emocional, vacilou nessa. O cara, na correria da vida,

---

[4] Ver em: https://ourworldindata.org/time-with-others-lifetime.

foi deixando o tempo com os filhos para depois. A agenda dele só se apertava enquanto as horas com as crianças definhavam.

Quando os filhos chegaram na marca dos 15 anos, caiu a ficha do cara. Então, chegou para eles e falou:

> **DAQUI ALGUNS ANOS, OS SEUS FILHOS NÃO VÃO QUERER MAIS PASSAR TANTO TEMPO COM VOCÊ. E AÍ?**

— Vou diminuir a minha carga horária de trabalho pra gente curtir mais tempo juntos, tá?

E os filhos? Eles mandaram a real: não estavam nem aí. Disseram que ele sempre foi extremamente sistemático, nunca estava por perto de verdade, e que agora podiam se virar sozinhos e não precisavam mais da presença dele. Ou seja, o Goleman tentou entrar no jogo quando a partida estava acabando. Os filhos já tinham saído da infância, pegado o bonde da adolescência, e a figura do pai já não era tão central assim.

As pessoas trabalham muito quando os filhos são pequenos, dizendo que querem aproveitar com eles depois, daqui alguns anos. O que eles não se dão conta é que, daqui alguns anos, os seus filhos não vão querer mais passar tanto tempo com você. E aí?

Aproveite enquanto estamos no ápice da linha destacada pelo gráfico e podemos nos dar ao luxo de vê-los e apreciar o crescimento deles todos os dias.

Cara, você não precisa ficar até mais tarde no trabalho para responder e-mails. A gente também sabe que a sua presença naquele jantar com o cliente nem era tão importante assim e que aquela viagem a trabalho poderia durar um dia a menos. O lance é que muitos pais acabam usando o trabalho para fugir do tempo em casa, porque sabem que, chegando lá, terão que assumir seu papel.

Aí fica mais fácil dizer "tô no trabalho" para deixar todo o trabalho com a esposa e, quando chegar, as crianças já estarem de banho tomado. Para com isso! Daqui uns anos você vai querer ter mais tempo com seu filho, mas hoje jogou esse tempo fora em troca de uma reunião que você mesmo propositalmente alongou.

PARCEIRO, CUIDADO PARA NÃO DEIXAR O SEU MELHOR NA RUA E LEVAR O SEU PIOR PARA CASA!

DIFERENÇAS NO PAPEL DO PAI NA CRIAÇÃO DE MENINOS E MENINAS

"Nada tem uma influência psicológica mais forte em seus filhos do que a vida não vivida dos pais."
(Carl Jung)

Ser pai vai muito além de só estar presente fisicamente. A qualidade do tempo que você passa com os seus filhos faz toda a diferença. De nada adianta estar lá e ser um pai tóxico, porque, nesses casos, a ausência é até mais produtiva. Mas como a figura do pai impacta na vida dos meninos e como impacta na vida das meninas?

Pesquisas apontam que, quando a primeira infância passa, o papel do pai ganha ainda mais força, especialmente na construção da autoconfiança e na saúde emocional da menina. Tem aquela ideia antiga que diz que o pai é o "primeiro amor da filha", e não é à toa. É com o pai que muitas meninas vão definir o que esperam de um parceiro e o que é ser tratada com amor e respeito.

Não tem muito tempo, minha pequena me solta esta:
— Quero casar com o papai.

Com a pureza de uma criança, ela dizia que eu era o "namorado" dela. Isso é uma coisa de momento, claro, e a gente tem que saber lidar com cuidado, mas serve como um toque, uma dica da importância que temos na noção que eles criam sobre o amor.

Então, o exemplo que apresentamos em casa é como um molde para as expectativas da criança. Se o clima entre mim e a mãe dela é ótimo, cheio de respeito e amor, nossa pequena vai crescer achando que esse é o padrão básico de um relacionamento a dois. Ela vai entender que uma relação de verdade tem que ser construída na base do respeito e do carinho, e não aceitará nada menos do que isso.

Agora, se o cenário fosse o oposto, se ela presenciasse grosserias e falta de amor, isso também se tornaria a referência dela. E mesmo que ela entenda que isso não está certo, essas memórias podem marcar e fazer ela embarcar em relações igualmente problemáticas no futuro.

Sabiam que 80% dos bloqueios emocionais de um adulto têm origem em algum comportamento do pai? Pois é, o pai tem o poder enorme não só de fortalecer a autoestima da filha, mas também em estabelecer um padrão sobre o que esperar do amor. Quando a criança é valorizada, recebe carinho e vê o amor de verdade entre os pais, isso coloca as suas exigências lá em cima. Ela vai aprender a não aceitar menos do que ela merece. Daí, quando aparecer alguém oferecendo algo diferente, algo lá no fundo dela vai falar:

— Não, não, eu sei o que é amor de verdade porque eu vi dentro de casa.

Enquanto isso, ao conviver no mesmo ambiente harmonioso e cheio de amor, o seu filho tende a agir como o rapaz que você deseja para a sua filha, espelhando em seus futuros relacionamentos a forma que viu você tratar a sua companheira. Nos dois casos, você é o exemplo que, para o bem ou para o mal, vai moldar para sempre essas trajetórias que hoje estão começando.

Em uma manhã de uma terça-feira qualquer, recebi a mensagem de uma funcionária pedindo para conversar. Respondi que poderíamos, sim, mas estava fora da cidade e perguntei se queria adiantar o assunto.

A resposta dela:

— Rafael, meu marido me bate. Hoje ele acordou me dando chutes e bateu muito na minha cabeça. Estou com os braços machucados. Eu posso dobrar os turnos? Assim eu evito ir para casa até que consiga pensar no que fazer.

Eu já liderei diretamente centenas de pessoas, já presenciei histórias inimagináveis, mas saber de uma situação tão séria envolvendo uma pessoa da minha empresa me impactou demais.

Fiz alguns contatos e a orientei sobre quem ela deveria procurar imediatamente para garantir ajuda e segurança. Ao me aprofundar um pouco mais no contexto, descobri que o tal "marido" era um jovem de 19 anos, com passagens pela polícia.

Quando ela me enviou a foto do registro da ocorrência, estava lá o nome da moça, o nome de sua mãe e o pai: *desconhecido*. Quando li, parecia uma confirmação de tudo que venho estudando.

Ou seja, a ausência total de um pai na criação daquela menina, agora com 20 anos, impactou diretamente nas suas escolhas e nos seus relacionamentos, permitindo, de certa forma, envolver-se com um "moleque", já com histórico tão ruim, e colocando sua própria vida em risco. Existem diversos estudos que ligam vítimas de feminicídio à criação que receberam quando crianças. É como se a ausência, o abandono, a violência sofrida ou assistida dentro de casa tivesse impacto direto no tipo de relacionamento que uma menina viverá quando jovem ou adulta. É como se o inconsciente dessas mulheres dissesse: "Eu cresci presenciando a vida da minha mãe dessa forma, então esse é o caminho certo para mim também".

Consegue perceber o tamanho da responsabilidade e o impacto que a simples presença de um pai de verdade pode fazer no futuro de uma criança?

Costumo refletir que, com a mãe, a criança vai à praia. Mas é o pai que leva ela no fundo, depois da arrebentação. A mãe sempre será fonte de ternura, de amor. O pai, de segurança, coragem e direção.

Irmão, respeite sua esposa. Trate com carinho a sua filha. Não dê margens para conversinhas de amigos que dizem que você "virou fornecedor" ao se tornar pai de uma menina (e não seja o cara que faz essa "piadinha", caso você tenha um menino). Ela não é um produto para fornecer nada a ninguém. E nunca se esqueça de que existe uma linha muito fina que separa o sucesso e o fracasso de um adulto, e você, pai, tem papel fundamental para definir em qual lado sua filha estará.

E digo mais, elogie sua filha! Deixe o ouvido dela calejado de ouvir o quanto é linda, que seu cabelo é bonito, que você tem sorte por ter uma filha maravilhosa e quanto a presença dela faz bem para você. Quando algum "malandro" chegar e falar algo parecido, ela vai poder responder:

— Sim, eu sei que sou linda, pois meu pai sempre me fala isso.

Brincadeiras à parte, trate sua menina de uma forma que ela nunca aceite nada menos de nenhum outro homem. Assim, no mínimo, você estará garantindo que ela vai crescer se sentindo muito amada.

Agora pare aqui, vá até sua filha ou filho. Se abaixe. Olhe bem dentro do baguinho dos olhos e diga com todas as letras:

— O PAI TE AMA! Você é linda(o)! Você é forte! Eu te amo!

P.S.: nunca será demais...

PRESERVANDO MEMÓRIAS:
UM LEGADO DA PATERNIDADE

"O tempo que você dedica ao seu filho não é gasto, é investimento."
(Mario Sergio Cortella)

Uma das melhores heranças que podemos deixar para os nossos filhotes é uma coleção de memórias relevantes. Hoje, na era digital, é fácil tirar uma foto ou gravar um vídeo, mas o X da questão é fazer isso com propósito, não só no modo automático.

Eu tive a ideia de montar um e-mail só para minha pequena. Bem antes de ela entender de internet, eu planejei mandar mensagens contando do nosso dia a dia, das nossas brincadeiras, descobertas, das coisas maneiras que ela fazia e das emoções do momento. O objetivo era criar uma cápsula do tempo digital para ela abrir no futuro. Comecei na pilha, mas, sem ainda conseguir escapar da correria do trabalho, infelizmente fui deixando de lado.

Mas, além do e-mail, eu mantenho um caderninho onde anoto as pérolas dela, as descobertas e aqueles momentos que são só nossos. É um diário do coração, entende? E quando eu dou uma olhada nele, é como se eu voltasse no tempo para cada uma daquelas ocasiões.

Eu sou muito fã de valorizar as lembranças. Nessa correria do dia a dia, às vezes a gente esquece de quanto vale aquela pausa para curtir uma foto antiga ou reler velhas anotações. Esses momentos são um portal para a gente sentir tudo de novo, se reconectar com os primeiros instantes da paternidade. E para os pais que, infelizmente, perderam seus filhos, essas lembranças viram um tesouro que não tem preço.

Na casa da minha avó, a gente revivia a nossa infância com o som das páginas dos álbuns de foto sendo viradas e o zum-zum-zum de causos antigos sendo trazidos à tona. Passar a tarde lá, no aconchego da sala, com caixas cheias de fotos, era como pegar um teletransporte para outra época. Eu e os primos, junto com a nossa avó e o resto da família, viajávamos no tempo sem sair do lugar. E os familiares que já tinham ido embora, a gente lembrava com aquele nostálgico sorriso no rosto, trazendo de volta cada aventura e risada. Era incrível!

E, tendo isso em mente, em certo dia eu contratei um serviço pela internet que prometia revelar mil fotos e mandar aqui para casa. Escolhi cada uma a dedo e, quando as fotos chegaram, foi espetacular para mim, mas ainda mais para a Eva. Juntos, mergulhamos naquelas memórias, desde as primeiras gargalhadas dela até algumas lembranças do meu pai, que já se foi, mas teve tempo de criar um laço muito forte com a sua neta.

Por essas e outras, Eva está entendendo mais da nossa história, da nossa caminhada e do amor de família, que segue firme e forte, não importa quanto tempo passe.

PATERNIDADE INTENCIONAL

"O que se ouve, se esquece; o que se vê, se lembra; o que se faz, se aprende. Ensine seus filhos com exemplos e intenções."
(Confúcio)

É curioso. A gente se mata de estudar para ser bom no nosso trabalho, treina até não poder mais para dominar alguma habilidade e até se programa todo para eventos que nem sempre são grande coisa. Mas quando chega a hora de ser pai, muita gente entra de cabeça sem manual de instruções, na base do "vamo que vamo", no mero improviso.

Na verdade, a paternidade é arte, habilidade e vocação, tudo num só, e por isso precisamos dar tudo de nós, colocando o máximo do nosso cérebro, dos nossos músculos e do nosso coração.

Não é que a gente tenha que ser o dono da verdade, nada disso. É preciso ser um pai intencional, que está sempre presente e, mais do que isso, sempre disposto a melhorar. Claro que ninguém aqui é de ferro, é normal a gente perder a paciência e errar aqui e ali. Mas nesses momentos temos que parar e pensar: "Peraí, o que eu estou ensinando pro meu filho aqui?".

Por exemplo, se você está prestes a entrar num bate-boca com sua parceira e já vê que a situação não vai se resolver, respire e dê um tempo. Um olhar, um toque e vocês dois já sabem: "Melhor deixar pra depois". Assim, poupamos os pequenos de uma cena bem desagradável e de um estresse que definitivamente não lhe cabe. É assim que vivemos uma paternidade com propósito: deixando o impulso de lado e usando a razão e o conhecimento adquirido para tomar as melhores decisões para cada situação.

Hoje, por conta dos algoritmos, se você assiste ou curte algo de um determinado assunto, você passa a ser bombardeado de outros conteúdos ligados àquele tema, produto, destino de viagem etc. A cabeça das crianças, na vida real, funciona como um algoritmo. O que ela mais ouve e vê das pessoas mais próximas determina como ela irá agir.

Claro, se tornar pai é simples. A molecada nasce e pronto, você já ganha o título. Mas tem uma diferença grande entre ser simplesmente um pai e ser um "pai intencional". Ser intencional significa estar lá de corpo e alma, não só por obrigação, mas porque você tem a vontade real de estar na vida da criança, de participar, de educar, de ser companheiro.

Acho que é mais ou menos assim: ser pai é ação, mas ser um pai intencional é reação. É perceber as necessidades do seu filho, entender o que se passa na cabecinha dele e, mais do que isso, querer estar lá por ele. Não só porque "é o certo", mas porque sente que é o seu chamado.

E você já parou para pensar que antigamente toda essa responsabilidade era vista como exclusividade de mãe? Parece que só lá pelos anos 70 e 80 que começaram a falar mais sobre o papel do pai na vida dos filhos. Claro, as mães têm toda uma ligação física envolvida, mas e os pais? A gente também tem nosso papel nessa história e precisamos nos jogar de cabeça, de coração, de tudo.

A PATERNIDADE INTENCIONAL É UM DESAFIO, MAS É TAMBÉM A COISA MAIS INCRÍVEL QUE VOCÊ VAI VIVER.

TÁ NA CORRERIA PRA ONDE, IRMÃO?

"É uma grandeza não perder o controle na vida agitada, mas encontrar tempo para os filhos, pois são eles que nos ensinarão o verdadeiro valor do tempo." (Sêneca)

Sabe essa rotina frenética que a gente vive, essa correria diária? Às vezes eu me perco nela também e me pego pensando: será que a gente não está deixando a vida passar sem nem perceber?

E o pior, estamos romantizando a falta de tempo. Quando foi que se tornou importante dizer que está sempre ocupado? Que não tem tempo para nada?

E olha, eu entendo quem tem que acordar cedinho, pegar ônibus lotado e batalhar o dia todo. Realmente, não é fácil equilibrar tudo. Na real, equilíbrio não existe. Mas, velho, te digo uma coisa: valoriza cada segundo com teu filho. Mesmo que sejam minutos no café da manhã ou uma rápida brincadeira antes de dormir.

Não estou dizendo para abandonar tudo, parar de trabalhar. Não existe esse lance de parar de trabalhar. Mas talvez, só talvez, a gente possa tentar desacelerar um pouco. Brinca de esconde-esconde, sai pra tomar um sorvete, ou, se chover, que tal um jogo de tabuleiro em casa? A ideia é simples: esteja presente.

A real é que se a gente corre demais, acaba não vendo o que realmente importa. E aí, pode ser que o preço pago seja muito alto no final. Não apenas por nós, mas principalmente pelos pequenos que estão crescendo ao nosso lado.

Ao refletir sobre essa pressão que a gente vive hoje em dia, de estar sempre "na ativa", já reparou como às vezes a gente se sente até mal por descansar? É como se a sociedade te puxasse pela orelha por não estar trabalhando feito um louco também no final de semana. Doideira, né?

No meu caso, passei quase vinte anos nessa rotina de trabalho pesado. Me lembro das minhas épocas nas fábricas, começando sempre às sete da manhã, chovendo ou fazendo sol, quando toda a rotina do dia acabava girando em torno do trabalho.

Depois de tanto tempo nessa vida, aqueles dias que você só quer dormir até mais tarde, sem culpa, são raros. Em um sábado, me permiti um descanso extra e me senti perdendo tempo. Parecia até que eu estava traindo o "sistema". Mas, pensando bem, de onde vem essa cobrança toda? É uma sensação que a gente carrega, muitas vezes sem nem se dar conta, por causa daquele ritmo frenético que vivemos durante anos.

Essa cegueira e correria sem saber para onde está indo atinge tanto quem trabalha para alguém quanto quem tem seu próprio negócio, não tem distinção. Um amigo me chamou para conversar sobre seus negócios, precisava de ajuda para gerenciar uma rede de lojas que ele e a esposa tocavam. Em vez de uma reunião em um café, nossa conversa foi dentro do carro, indo pra outra cidade buscar equipamentos para sua loja nova.

Ele dirigia a mil, respondia mensagens no celular, esquecia a frase que começou a falar. Estava visivelmente esgotado, atrapalhado e o negócio, sem sua atuação direta, não funcionava. Esse tema na verdade é muito mais profundo, e a possível solução é buscar ajuda, orientação, mentoria. Mas não é nosso foco neste livro...

O que me chamou atenção foi quando ele disse:
— Rafa, meu filho teve uma crise outro dia. Chorava, soluçava e dizia que odiava os negócios, e que queria que tudo acabasse, pois isso me deixava longe dele.

Percebe a loucura disso? Na cabeça dele, estava trabalhando e se dedicando para a família, o crescimento da empresa e para "deixar um legado" para o filho... Ótimos motivos! Mas talvez ele tenha ultrapassado alguns limites. Na verdade, o que pensa ser legado é herança, e o legado mesmo possa estar se perdendo.

Como ele, existem muitos que vivem a vida pensando na herança para deixar aos filhos. Mas sem legado, a herança é jogada fora.

Esse caso, tão próximo, me fez lembrar de uma matéria que li exatamente sobre o assunto de sucessão familiar nas empresas. Os filhos eram entrevistados e diziam que o desejo era que a empresa dos pais quebrasse financeiramente, pegasse fogo, e assim por diante. O motivo? As lembranças que tinham a respeito do negócio da família estavam diretamente relacionadas à ausência dos pais, brigas ou problemas dos mais diversos níveis.

Gosto sempre de citar exemplos e estudos para dar embasamento ao que digo. A respeito dessa correria, das prioridades e da falta de tempo, coloca agora no topo da sua lista a leitura do livro *Essencialismo*, do Greg McKeown, caso você ainda não tenha lido. Se já leu, leia de novo.

Não vou fazer resenha do livro aqui, mas é importante destacar a inspiração do autor para os estudos que culminaram na obra. Ele compartilha que estava no hospital durante o nascimento de uma de suas filhas, enquanto sua esposa segurava a bebê. Nesse momento, ele se encontrava tenso ao telefone verificando e-mails, preocupado por não poder comparecer a uma reunião com clientes. Além das pressões internas, ele também enfrentava pressão de um colega de trabalho.

Diante dessa situação, ele optou por participar da reunião, deixando sua esposa e filha no hospital. Essa experiência o levou a explorar o tema das escolhas, mais especificamente como fazer escolhas de forma a maximizar nosso potencial.

Desacelera, irmão! Tá na correria? Coloca um prazo para esse período, antes de causar danos talvez irreversíveis em quem você mais ama. Joel Jota diz: *"Saúde, família e trabalho. Não inverta a ordem"*. Tá invertendo? Coloca prazo!

—

Até os 4 anos, minha filha estudava num colégio com colônia de férias. Mas depois mudamos ela pra outra escola sem esse esquema de férias. Dezembro chegou, e ela passava alguns dias na casa da avó, mas também ficava em casa enquanto eu estava no meio de uma correria maluca, abrindo uma empresa.

Um dia, depois do almoço, minha pequena veio com aquele olhar de "papai, quero ir pra piscina". Na hora, fui direto: "Não dá, filha". Mas aí parei e pensei: "Por que não?". Sim, havia tarefas pendentes, mas quando não há? Se a gente parar para ver, sempre tem algo para fazer. Então resolvi: "Vamos nessa!". Trocamos de roupa e lá estávamos nós, numa quinta-feira, em pleno sol de dezembro, curtindo a piscina.

Fiquei tranquilo? Quem dera!

Passei um bom tempo pensando: "Tô fazendo o que da minha vida?!", com um medo irracional de receber uma mensagem da minha esposa me cobrando ou, pior ainda, de um chefe que eu nem tinha mais! Até que, olhando para a minha filha, pensei: "Quantos verões assim eu ainda vou ter com ela? Em breve ela vai preferir as amigas, e talvez nem queira mais saber de piscina com o paizão, então preciso aproveitar enquanto posso".

Em outro momento, estava assistindo minha filha na aula de natação. Uns minutos passados das dez da manhã e lá estava eu, encostado na parede, observando minha pequena nadar como se não tivesse nada para fazer. Alegria estampada na carinha dela, você sabe como é. Mas naquele momento, a velha dúvida voltou a martelar na minha cabeça: "Que que eu tô fazendo aqui?". Afinal, por toda a minha vida, esse horário sempre foi de trabalho, não de piscina e curtição.

O pensamento de "deveria estar trabalhando" me atormentava. Mas algo aconteceu que ocasionou uma mudança da água para o vinho na minha percepção. Eu, naquela neura de achar uma solução, seja mandar a Maria, nossa ajudante, trazê-la à natação, ou mudar o horário da aula dela para a noite para não bagunçar meu dia de trabalho, fui interrompido.

Minha menina, com aquele olhar de puro amor e inocência, fez um coração com as mãozinhas direto da piscina para mim. Aquilo foi como um soco de realidade.

"Tô fazendo o que aqui?" A resposta era clara como água: estava exatamente onde deveria estar. Por ela, com ela.

Então, entre um mergulho dela e outro, percebi que estamos sempre onde precisamos estar quando se trata deles, dos nossos pequenos. Às vezes, é preciso desacelerar e entender que, se perdemos um ou outro momento de trabalho, vamos ganhar vários momentos com eles que nunca mais voltarão, entende?

O trabalho a gente corre atrás, mas esses momentos? Eles não esperam a gente ficar pronto e devem ser tratados como o que de fato são: a prioridade das nossas vidas. Não estou dizendo que temos que viver por eles, dedicar 100% do nosso tempo a eles, mas, quando estiver com seus filhos, esteja 100% presente, seja SUPER presente.

Certo dia, minha esposa me contou que uma amiga havia dito que eu ficava muito bem de bolsa rosa. Como assim? Claro, a bolsa em que levo as roupas da Eva para a natação é rosa!

Quando comecei a levar, notei que tinha uma senhorinha que sempre ficava me olhando terminar de pentear o cabelo de Eva antes de partirmos para a escola. Até que um dia ela veio até mim e disse:

— Essa menina é muito sortuda. Ter um pai tão dedicado assim é bonito de ver. Parabéns!

Agradeci o elogio e pensei: *"Será que é tão anormal um pai dedicar parte do seu tempo e cuidar da filha? Não pode ser".*

Confesso: eu me achava o máximo com os olhares de quem via e admirava nossa relação lá na academia. Até que um dia, vi duas meninas muito parecidas entrarem na piscina. No vestiário, encontrei o pai delas dando jeito em tudo, enquanto uma terminava a aula, a outra já ia para o banho, e o cara ali, coordenando todos os detalhes perfeitamente... Com DUAS meninas! Eu tinha acabado de perder meu posto de superpai, mas, na real, isso não existe. Ele também é do meu time, que prioriza certa parte do seu tempo para estar com as crianças.

Noutro dia, busquei a Eva na escola e na sequência teria uma reunião on-line. Chegamos em casa e expliquei para ela que precisava de uns minutos mais calmos, sem tanto barulho, mas que depois iríamos brincar. Ela entendeu e pegou umas folhas em branco para desenhar, e eu iniciei o meu trabalho. Como não era algo tão formal, às vezes ela aparecia atrás de mim no vídeo para ver o que estava rolando e até descontraia a reunião. Quando terminei, fechei o notebook e falei:

— Pronto, agora o papai tá aqui 100% pra você.

Ela sorriu e começamos nossas brincadeiras que, nesse dia, resultaram na quebra de alguns objetos que ficavam ao lado da cama. Não era a intenção, mas foram tantos pulos e travesseiros voando...

Entendeu o que é estar superpresente?

FILHOS SÃO NOSSA CURA, NOSSA REDENÇÃO

"Um casamento com filhos é a única coisa que nos liberta da ditadura que é viver somente para nós mesmos."
(G.K. Chesterton)

Quando estava finalizando o processo deste livro, conheci um senhor que chamarei de Otávio. Estava com a Eva na área *kids* de um shopping em nossa cidade e sentei em um banco ao lado dele.

Passados alguns minutos, ele puxou conversa e disse que estava ali com uma menina com quem a Eva estava brincando. Na hora respondi: "Que coisa boa curtir com a neta". Ele sorriu e disse ser sua filha. Antes de eu me sentir envergonhado, emendou: "Isso acontece o tempo todo, fica tranquilo. Afinal, não é todo homem de 70 anos que tem uma filha de 5".

Realmente não é uma situação com a qual nos deparamos todos os dias. Então perguntei um pouco mais, imaginei que ali tinha um assunto interessante. Eu dei a oportunidade que toda pessoa idosa adora: contar histórias!

Com um papo muito bom, logo de início deu pra notar que o Otávio era um homem bem instruído e com vasta experiência de vida pessoal e profissional. Mas, para resumir, eis o contexto de ali estar um senhor de 70 anos admirando a filha de 5 anos brincar.

Além da pequena Clara, senhor Otávio tem mais seis filhos já adultos e até netos com 18 anos de idade. Sim, aquela menininha ali era a sétima filha dele! Uma verdadeira máquina.

Durante muitos anos, ele ocupou cargos de alta importância em empresas multinacionais, viajou o mundo todo a trabalho e tinha a rotina de sair de casa no início da semana, sem ter data certa para voltar. A conversa ia evoluindo, e eu me interessava cada mais, pois estava vendo uma história muito parecida com a minha ser contada por aquele homem.

Eis que, em certo período, ele se mudou para os Estados Unidos com sua família e teve que fazer viagens a outros países a fim de abrir filiais da empresa em que trabalhava. Bem, o resultado disso: seu casamento acabou e a mulher voltou para o Brasil com seus então seis filhos.

Passado muito tempo, ele, já com seus 65 anos de idade, conheceu na Suécia uma curitibana. Envolveram-se e, mesmo com vasectomia, a mulher engravidou. Um teste de paternidade comprovou que a pequena Clara era realmente sua filha. Quando achei que até ali já estava suficiente, ele seguiu contando que aos 4 meses de idade de sua filha a mãe abandonou os dois e sumiu no mundo. Então o senhor Otávio se viu sozinho com um bebê totalmente dependente dele. Existem casos parecidos por aí? Talvez não muitos com o pai tendo 65 anos.

Otávio resolveu se mudar para o litoral de Santa Catarina, em busca de melhor qualidade de vida para ele e sua filhinha, e aqui está até hoje. Durante nossa conversa, ele falou algumas vezes sobre a importância dessa criança em sua vida. Uma de suas filhas, já casada e com filhos, sempre o cobrou por nunca ter a presença do pai em reuniões, apresentações escolares e outras atividades. O mesmo ocorreu com os demais.

Ele era o retrato que já falamos aqui. O homem que ao ter filhos pensava somente no trabalho, em prover para sua família, dar as melhores condições possíveis, estudos, ajuda financeira para iniciarem suas carreiras. Mas, com o passar dos anos, percebeu que ao mais importante não se atentou em dar: sua presença!

Nesse momento ele respirou, olhou para sua filha e, um pouco emocionado, disse: "Agora, com ela eu faço tudo, levo na escola, acompanho onde posso. A vinda dela é uma redenção pra mim. A oportunidade que Deus me deu para me curar da vida dedicada ao trabalho".

Durante nossa conversa, Eva e Clara brincaram muito. Tive que encerrar, pois já estava anoitecendo e iríamos encontrar minha esposa, que estava voltando do hospital. Como descobrimos que moramos a algumas quadras de distância, ficou aquele convite de nos reunirmos de novo.

Antes de sair, olhei novamente para as duas brincando no parque e senti no meu coração o quão assertiva tinha sido a minha escolha de renunciar algumas oportunidades profissionais em troca de estar, de fato, presente na vida da minha filha.

Eu quero a Eva me chamando de "papai" até quando for adulta, quero que ela se lembre de mim com carinho, dos nossos momentos em família, das vezes que foi, sim, repreendida para que seguisse os caminhos certos, das nossas cantorias no carro, das guerras de travesseiro, das centenas de vezes que joguei ela para o alto e ela sempre pedia mais, das vezes que falei o quanto a amo e da minha imagem em que observo ela aprendendo a nadar.

Ela jamais vai poder falar que não estive presente. Ela vai ter sempre a certeza de que fui e serei o seu lugar seguro, onde ela pode voltar sempre que quiser ou precisar. Não existe a possibilidade de um dia ela dizer que admira outro homem como exemplo a não ser seu pai, ou outra mulher sem ser sua mãe. Isso não é ser perfeito, mas tentar estar para sempre gravado nas memórias dela como um bom pai.

A imagem de sucesso que tenho na minha cabeça é estar sentado em uma casa, com um gramadão, alguns cachorros e meus netos correndo. E para ter netos, é preciso criar bem a minha filha (aumentar a nossa família também vai ajudar). Acredito que um dos maiores desafios é ter filhos adolescentes querendo estar perto do pai, especialmente quando olhamos para os hábitos das gerações atuais.

Meu desejo é que, quando essa fase chegar, a Eva e sua irmã ou irmão (amém) estejam próximos de mim em um domingo, não porque será uma obrigação ou tradição familiar fazer aquele almoço de protocolo, mas sim porque estar comigo é algo que eles realmente gostam e fazem questão. Uma coisa é certa: se meu objetivo para os próximos trinta anos é esse, eu tenho que construir a partir de agora, quando a minha filha ainda é (literalmente) a minha pequena Eva.

Para o Otávio, ele realmente teve sua redenção. A pequena Clara está aqui para o salvar. No entanto, nem sempre Deus nos dá uma oportunidade de ouro como Otávio teve. Então aproveite o agora, para que seu filho ou filha já seja a melhor parte da sua história e, quando for adulto, ao falar de você, tenha mais momentos positivos para lembrar do que da sua ausência.

RESPONSABILIDADE PARENTAL
E OS PRESENTES QUE VÊM COM ELA

"Deve-se respeitar a responsabilidade de ser um pai, pois é na infância que se molda o caráter do homem."
(Platão)

Na última década, o número de mães solo no Brasil, aquelas que cuidam sozinhas de seus filhos, aumentou 17%, passando de 9,6 milhões em 2012 para mais de 11 milhões em 2022.[5]

Imagina o trampo que é ser mãe e pai ao mesmo tempo. E tem uns caras por aí que abandonam, que se mandam, que sugerem o aborto, tudo por puro medo, porque "não estava nos planos", ou porque foi só um rolê de uma noite. Nesses casos, eu digo uma coisa: você não teve azar nenhum. Na verdade, ganhou na Mega-Sena da vida, pois na primeira oportunidade já recebeu a dádiva de um filho. Talvez só não tenha percebido ainda o presentão que tem nas mãos.

A real é que fazer filho é moleza, agora criar, aí sim é pra quem tem peito, pra quem tem coragem. Pai nenhum deveria deixar todo esse trabalho apenas para a mãe, é um ato de pura covardia. Por muito tempo, especialmente nos primeiros

---

[5] Ver em: https://portal.fgv.br/artigos/maes-solo-mercado-trabalho-crescem-17-milhao-dez-anos.

meses do bebê, a mãe não tem vida, não toma banho direito, se alimenta mal, é uma dedicação física e mental muito intensa. Não dá para aceitar um cara deixar tudo para ela.

Se teu filhote ou filhota te acorda pela manhã com um "Papai, acorda!", com aquele beijinho molhado no rosto, valoriza. Porque tem pai por aí que precisa acordar, mas não para a rotina, e sim para a vida. Para entender que criar filho é um baita privilégio, e não uma obrigação.

Acorda, cara, dá valor para essa chance, se liga no jogo e se joga nessa aventura. Sim, cada segundo, risada e aprendizado vale a pena, mas antes de tudo é a sua obrigação como pessoa assumir essa responsabilidade, independentemente do quão agradável para você seja o processo.

Vejo por aí um monte de caras que, por um motivo ou outro, não estão dando aquele suporte para a mãe dos seus filhos, o que se reflete naquelas estatísticas tristes de milhares de crianças sem o nome do pai na certidão. Mas, pô, pensa só nas coisas boas que o cara está perdendo por não estar por perto!

Tudo vai mudar, as noites que você ficava acordado em festas vão ser trocadas por choros e por alguns momentos da criança doente, precisando da sua total atenção. O carro que você cuida tão bem vai ficar cheio de farelos, restos mortais de batata frita, brinquedos, adesivos coloridos, marcas de mão engorduradas nos vidros e lenços umedecidos. Muitas refeições serão o resto de comida que a criança não comeu. Você vai dormir no chão ou no sofá várias e várias vezes. O seu programa preferido vai ser substituído por desenhos assistidos repetidamente. O cheiro da sua casa vai mudar e o aroma de loção e talco infantil tomarão conta — mas também vai ter o cheiro das fraldas!

Entre tantas novidades, uma das melhores é o abraço apertado de um filho. Não tem preço, não tem comparação. Dizem por aí que a maior missão de qualquer adulto é criar outro ser humano. É a mais pura verdade.

Sabe aquelas vezes que a gente fica forçando a barra para a criança dar um beijo no tio, na tia, na avó? Às vezes, eles não estão a fim, e tudo bem. Cada um no seu tempo, né? Mas ó, quando esse carinho vem de forma espontânea, meu chapa, aí o coração chega até a bater mais forte. Minha filha, por exemplo, quando vem do nada e me dá um abraço ou diz que me ama... Eu economizo muito dinheiro e tempo que precisaria gastar com terapia! Eu me renovo e me curo. É a sensação de que, talvez, eu esteja fazendo alguma coisa certa.

Certa vez, estávamos eu e minha filha em casa e chamei um cara para instalar o bebedouro na cozinha. A ideia era facilitar a vida, sabe? Para não ter que comprar água o tempo todo. Mas, quando o cara foi finalizar o serviço, perfurou um cano! A cozinha virou uma piscina, e eu estava prestes a explodir de irritação, ainda mais porque era tarde da noite e minha filha ainda não tinha tomado banho.

Aí ela chega, olha a cena, e solta:

— Papai, tá tudo bem. Coloca só uma colinha e seca o chão. — Leia de novo com voz fina e letras trocadas. Naquele momento, foi como se ela tivesse mais uma vez me dado um tapa de realidade. Enquanto eu estava na pilha, ela "resolveu" a parada em questão de segundos.

E depois, o melhor de tudo: ela veio, me deu um abraço apertado, daqueles que só os pequenos sabem dar, eu me desmontei todo ali. Esses abraços inesperados, esses carinhos espontâneos, isso não tem preço.

As crianças têm uma forma incrível de nos mostrar que tudo se ajeita e que um abraço resolve muito mais do que a gente imagina. E, além de todas essas maravilhas, parece que a ciência está começando a entender o que a gente já sabe: ser pai traz uma série de benefícios. E não só pelo amor e pelas risadas, mas até no bolso a coisa parece melhorar.

Vê só essa: pesquisadores lá do Reino Unido descobriram que os pais ganham em média 22% a mais do que os caras que ainda não entraram para esse clube. Eles conversaram com mais de 17 mil pessoas, e parece que ser pai faz bem até para o trabalho. A psicóloga Ana Paula Cavaggioni explica que ser pai melhora a nossa empatia e que isso pode dar uma turbinada nas relações profissionais.[6]

E não para por aí, não. Pais de mais de uma criança ganham 9% a mais do que quem tem uma só. Os cientistas ainda estão coçando a cabeça para entender o porquê, mas outros estudos dão uma luz. Dá uma olhada:

MENOS ESTRESSE

Acredita que pais são menos estressados? Pois é, mesmo com aquela birra no meio do mercado, ser pai é bom para o psicológico. Os especialistas dizem que a gente tem menos chance de sofrer com dor no peito, insônia e outros aborrecimentos do que os homens sem filhos.

MAIS FELICIDADE NO TRABALHO

Os caras que curtem tempo de qualidade com os filhos também são mais felizes no batente. Um estudo mostrou que pais envolvidos não pensam tanto em pedir as contas.

MENOS EGOÍSMO

Outro ponto para nós, pais: ficamos menos centrados em nós mesmos e mais ligados no bem-estar dos outros. A paternidade dá uma lição de altruísmo que, segundo os estudos, é real oficial.

---

[6] Informações retiradas de uma aula da escola Conquer.

SAÚDE EM DIA

Por último, mas não menos importante: a saúde. Com certeza, cuidar de um pequeno faz a gente querer se cuidar mais também.

Então, ser pai pode ser um turbo para a vida. Melhora o salário, reduz o estresse, deixa a gente mais feliz no trabalho, menos egoísta, apimenta o romance e ainda dá um gás na saúde.

Ainda sobre saúde, é comum ouvir: "Eu morreria pelos meus filhos". Ok, mas você está disposto a viver por eles também? Largar um vício, diminuir a bebida, parar de ser um bebê de 35 anos que ainda fica no videogame? Ou ainda, cuidar realmente da sua saúde, emagrecer para conseguir ao menos acompanhar o ritmo das crianças?

Se acontecer alguma situação que você precise correr, usar a força para salvar um filho, seu corpo está pronto para isso? Ou a sua barriga está maior que um barril de chopp, e você insiste em dizer: "Quem não tem barriga, não tem história"? Eu fui esse cara por alguns anos, mas resolvi correr atrás do prejuízo em tempo de me redimir comigo mesmo.

Pergunto novamente: você está disposto a VIVER pelos seus filhos?!

PERSONALIDADE: DESDE CEDO, ELES TÊM – E MUITA!

Eva é uma criança extremamente emotiva, daquelas que sentem tudo no grau máximo. E eu, como pai, estou aprendendo a lidar com isso, a dar espaço para ela expressar esses sentimentos sem reprimir. Nem sempre é fácil, principalmente quando alguns coleguinhas de classe não ajudam (com o que também precisamos aprender a lidar, porque é inevitável).

Lá no começo do ano, ela começou a ter uns problemas na escola. Uns meninos começaram a colocar uns apelidos nada legais nela, mas ainda não passava do ponto do inaceitável. Até que, um dia, um deles soltou que a Eva "era uma bosta" e chegou a chutá-la no chão enquanto ela brincava.

Na minha infância eu sofri muito bullying, e os piores apelidos vinham de dentro da minha casa, feitos com maestria pelo meu irmão, que se divertia em me dar vários apelidos pejorativos e falar em alto e bom tom para que o máximo de pessoas rissem de mim. Antes ninguém ligava, hoje em dia as consequências podem ser outras.

Eva não era o único alvo desse bullying, mas ela era a aluna que mais trazia isso para casa. Ao mesmo tempo, a gente percebeu que a personalidade dela estava mudando. Ela, que amava ir pra escola, começou a enrolar, a dizer que não queria mais ir, que queria trocar de turma. Uma vez, estávamos no carro e um motorista deu uma fechada ou algo assim e ela soltou: "Ah, ele é um idiota, né, papai?". Eu parei e perguntei de onde ela tinha tirado aquilo. E ela enfim contou que era o que os meninos da escola falavam para ela.

Quando fui na escola conversar sobre toda essa situação, a coordenadora, bem intencionada, mas meio sem noção, soltou um "acho que a Eva é muito emotiva, às vezes até parece bipolar". Velho, minha esposa, que é médica, arregalou os olhos na hora! Tipo, "como assim? Tá chamando minha filha de 5 anos de bipolar, assim, sem nenhum embasamento?".

Como se não pudesse piorar, ela continuou e disse que a Eva podia até estar caminhando para uma depressão infantil. Eu pensei: "Peraí, forçou a barra agora, né?". A verdade é que cada criança tem seu jeitinho. Algumas são mais caladas, outras falam pelos cotovelos, outras são mais emotivas... E tá tudo bem! Cada um no seu ritmo.

A Eva chora mesmo, às vezes por qualquer coisinha que não sai do jeito dela. Mas daí, com uma conversa rápida, tudo volta ao normal, é como mágica ou como se o choro fosse acionado por um botão de ligar e desligar as lágrimas.

    Precisamos ficar ligados nos sinais. Se a criança não quer ir para a escola, se está evitando alguém, se quer trocar de turma... Tem que investigar, entender o motivo. E foi o que a gente fez. Hoje está tudo em ordem por aqui, mas essa história de "investigar depressão"... Aí acho que a coordenadora deu uma viajada, tratando um traço de personalidade ainda em desenvolvimento como se fosse uma doença. Então, sempre ouça, esteja presente, mas também saiba filtrar os conselhos e opiniões de terceiros.

    A tarefa de entender a personalidade das crianças não é brincadeira e muito menos fácil. Precisa de olho atento e muita parceria.

    A grande dica que eu te dou é: escute teu filho! Às vezes, a gente acha que é frescura ou drama. "Ah, na minha época...". O mundo mudou! Se o seu filho está incomodado com algo, confira. Descubra a razão do incômodo. Ele está passando da conta e enchendo o saco? Então investigue mais, porque deve ser algo ainda mais sério!

    Dar um tapa na boca ou mandar se calar? Cara, isso só piora tudo. Quando a gente repreende de forma brusca assim, sem entender o contexto, o moleque (ou a moleca) se fecha pra gente. É como se a gente construísse um muro entre nós e eles. E aí, o que acontece? Eles vão esconder as coisas e não vão mais compartilhar os problemas com a gente. Ou seja, a gente perde a conexão que lutamos tanto para conquistar.

    Quando, naquele passeio de carro, ela soltou um "idiota" do nada, parei na hora e perguntei de onde tinha vindo aquilo. Afinal, sei que nunca soltei uma dessas na frente dela. Com uma breve conversa, descobri que veio de um amiguinho da escola. É essa a parada: não basta só corrigir, tem que entender de onde vem, o porquê.

Por aqui vivemos intensamente o tal do *"terrible two"*, quando por volta dos 2 anos o pequeno começa a mostrar a que veio. Depois, perto dos 6, 7 anos, tem outra mudança. Parece que estão trocando de fase no videogame. Estão saindo daquela infância toda inocente e entrando num mundo onde eles já têm suas opiniões, argumentos e, às vezes, rolam umas birras a mais.

E pensa comigo: a gente também não foi assim? Se eu parar para pensar no garoto de 17 anos que eu era! Dei uma canseira nos meus velhos e fiz coisas que hoje vejo como besteira ou perda de tempo.

Abraçar essas mudanças, aprender junto, se lembrar que a gente já esteve no lugar deles e sempre — sempre! — estar atento e conversar muito. Às vezes, a gente pode achar que as suas reclamações são bobagens, mas, para eles, é gigante. E nosso papel é apoiar, entender e orientar. Sempre com muito diálogo e sem perder a mão.

BIRRA:
UM PEDIDO DE SOCORRO

"Quando estiver em dúvida sobre como reagir ao comportamento da criança, lembre-se como se sente ao ser tratado por alguém que você admira."
(Lelia Schott)

Sabe quando o pequeno não quer comer e ouvimos por aí "Ah, não quer comer agora? Então não come. Nunca vi criança morrer de fome tendo comida na mesa"? Você já ouviu essa, né? Mas, a essa altura do campeonato, a gente sabe que esse não é o melhor caminho.

Em vez de gritar ou brigar, por que não tentar o diálogo? Sei que parece clichê, mas conversa faz milagres, principalmente quando entendemos que birra é tipo um pedido de socorro. Ao contrário do que muitos pensam, a criança não está tentando te manipular ou algo do tipo. Ela só ainda não sabe como lidar com o que está sentindo. O comportamento que é desafiador é só a camada de cima. Por baixo, tem muitos sentimentos que precisam de acolhimento. A neurociência já comprovou que esses comportamentos não têm nada a ver com simulação ou manipulação das crianças, mas sim com o processo de amadurecimento que ela está passando.

Pensa comigo: a criança está aprendendo sobre o mundo e suas emoções, aí vem uma situação que eles não entendem e,

A RESPONSA DE ENSINAR A CONTROLAR AS EMOÇÕES É SUA, MEU IRMÃO!

pronto, é choro, grito e até mesmo se joga no chão. Aí, o que a gente faz? Grita de volta? Dá um tapa? Isso só piora tudo. A melhor solução é tentar acolher, dar aquele abraço apertado, conversar e, se possível, sair daquele ambiente agitado — junto com a criança, claro. É fácil? Já falei que não, mas agora a responsa de ensinar a controlar as emoções é sua, meu irmão!

Se a criança está chorando e se desesperando e recebe grito ou bronca, a birra que podia durar poucos minutos acaba durando bem mais. E é um ciclo, né? A gente também não gosta de ser tratado assim, se estressa e devolve isso para quem espera de nós maturidade e capacidade para resolver problemas.

Nesses momentos, você já parou para perguntar para o seu filho: "Como posso te ajudar?"? Parece simples, mas é algo que a gente, às vezes, deixa passar. Eu curto usar três passos quando as coisas esquentam aqui em casa:

1. **Dar um tempo para a criança:** não estou falando de castigo, mas sim de um momento para ela se acalmar. Um cantinho tranquilo, sabe?

2. **Perguntar de que ela precisa**: muitas vezes, eles só querem ser ouvidos, e uma pergunta simples pode resolver tudo.

3. **Entender a situação:** lembra que a gente já foi uma criança birrenta também? Às vezes, pode ser cansaço, fome ou só um dia ruim. É o nosso papel descobrir e resolver o problema.

Certa vez, a minha filha fez uma daquelas cenas clássicas no chão do mercado. Antes, eu não lidava bem com isso. Mas, agora, penso: de que adianta se eu gritar? Ela não sabe ainda como lidar com todas as emoções que sente. E aí, se eu, o adulto da relação, não souber lidar também, a coisa só piora.

Sim, é muito desafiador. Certo dia, estávamos na natação e ela começou uma birra daquelas no vestiário. Não dava para sair dali, mas eu me agachei, olhei nos olhos dela e conversei. Expliquei que o que ela queria estava no carro e que ali não era o momento. Foi estressante, mas a situação se acalmou.

No fim das contas, é um exercício diário de paciência. Você está ali, no meio de todo mundo, e de repente seu filho começa um verdadeiro escândalo. Você olha em volta e sente aquelas trocentas pessoas te analisando. E não importa o que você faça, sempre tem um "juiz de plantão" pronto para dar o veredicto: "Nossa, mas que pai bravo!" ou "Ah, tá deixando a criança chorar, coitada". Parece que nunca tá bom, né?

Mas, independentemente da pressão, quem está no controle? Nós, os adultos! Não dá para esperar que o pequeno seja o mestre zen da relação. Em um dia desses eu acordei meio pra baixo, por algum motivo qualquer. E fiquei pensando: se eu posso ter meus momentos assim, por que a criança não pode? Às vezes, a gente cobra demais deles, como se fossem miniadultos que não podem ter um dia ruim. Mas são crianças, mano!

Então, a dica que deixo é: presença. Estar ali, de corpo e alma. Conversar, ouvir, entender. Se o pequeno está num momento só dele, brincando, viajando na imaginação, deixa ele lá, no mundinho dele. O importante é que ele saiba que, quando precisar, tu está ali, firmeza total.

Às vezes nós somos muito duros com eles. Se eu te convido para a minha casa e você derruba e quebra um copo, o que eu digo? "Tranquilo, a gente pega outro", enche o copo novo e segue o papo. Mas se é o pequeno que quebra? Aí o bicho pega, né? "Poxa, já falei pra ter cuidado!", "Olha só o que você fez!", e por aí vai.

Imagina se eu te tratasse assim toda vez que algo saísse do planejado? No mínimo, a amizade ia pro espaço em pouco tempo.

A verdade é que, assim como a gente tem altos e baixos, a garotada também tem. E tudo bem! Nem sempre a vida é uma reta constante. E em vez de ficar no pé deles, precisamos entender e acompanhar esses momentos com compreensão, sem julgamentos.

"O que rolou? Tá precisando de alguma coisa?" — é esse o papo que a gente tem que ter. Às vezes, é só um mal-entendido, algo que eles não entenderam direito. E é aí que a gente entra, para ajustar, explicar e acolher. E aí reforço novamente: não é e nunca será fácil.

Vai dizer que você nunca olhou para o seu filho ou filha e pensou: "*eu te amo, mas, por favor, vá dormir*"!?

Há pais que pensam que um tapa aqui e ali é sinal de amor, né? "Ah, meu pai fazia isso e eu virei gente boa."

E tem outra: quando você dá uns tapas no moleque, você está mexendo com o cérebro dele. Ele não consegue aprender direito por que está sempre no modo "defesa". Imagina tentar aprender matemática com medo de levar bronca?

E o pior: quanto mais você dá uns corretivos físicos no pequeno, mais ele pensa "meu velho não tá do meu lado" e, assim, a confiança some.

Papo reto, irmão, chega de fingir que punição é uma forma de educar ou uma ferramenta de ensino e comece a admitir que é sintoma de um adulto desregulado.

A gente sente uma mistura de sentimentos contraditórios. E tá tudo bem! O lance é estar ao lado, de boa, e aprender junto. A gente erra, claro, mas o lance é sempre tentar fazer o melhor e se lembrar: você é o adulto da relação. Então, respira, se acalma e vai lá dar aquele suporte para o seu filhote.

LEMBRE-SE: SEU FILHO ESTÁ VIVENDO A MAIORIA DAS COISAS PELA PRIMEIRA VEZ NA VIDA. SEJA COMPREENSIVO!

TELAS:
A AUSÊNCIA MESMO A UM PASSO
DE DISTÂNCIA

"Os pais modernos amam seus filhos, mas não têm tempo para eles. Têm tempo para o WhatsApp, para redes sociais, para TV, mas não para o diálogo espontâneo, para uma caminhada sem pressa."
(Augusto Cury)

Tem um assunto sobre o qual precisamos conversar com urgência: essa história de ficar o tempo todo distraído com o celular ou tablet, enquanto seu filho está ali do seu lado. Eu entendo, viu? Às vezes a gente precisa delegar a criança para o desenho ou *game* enquanto cuidamos de outras coisas. Isso não é errado, de forma alguma, desde que tenha limites. Mas, a partir do momento que você decide estar com ele, tem que estar 100%, entende?

Pensa comigo, se a gente está assistindo a um filme com eles, tem que estar junto mesmo, sem um olho na TV e outro no celular, até porque eles percebem. Eles sacam quando a gente está meio ausente. E olha, não estou aqui pra te dar lição de moral, até porque a pandemia veio e trouxe o home office junto. Quantas vezes não nos pegamos trabalhando e cuidando dos pequenos ao mesmo tempo?

Mas, o lance é o seguinte: não dá para deixar virar rotina. Não dá para toda vez que estiver com ele, fisicamente ali, estar com a cabeça em outro lugar. Sabe aquele ditado "estar de corpo presente"? É exatamente isso. A criança está lá, vendo um desenho, brincando sozinho, e você está ali do lado, mas a milhas de distância mentalmente.

Tem uma parada que me deixa bolado: tem gente que fala que não consegue largar o celular nem por 30 minutinhos para brincar com o filho. Peraí, na hora de comer, de tomar banho, você está sem o celular, né? Mas na hora de dar atenção pro teu moleque ou menina, aí tem uma desculpa?

Vamos lá, cara, está na hora de acordar. Brincar com teu filho é fundamental! E vou te falar: é tão fundamental quanto um banho diário. Isso mesmo! Imagina só, você — espero eu! — não o deixa um dia sem tomar banho, então por que deixaria passar um dia sem dar atenção de verdade para o teu filho?

Alguns levantamentos apontam que o brasileiro passa, em média, nove horas por dia na frente do celular ou computador, seja em redes sociais, assistindo a vídeos, trabalhando ou qualquer outra atividade. Cara, NOVE HORAS por dia! Se isso é uma média, tem quem passe até mais tempo. É mais tempo com celular na mão ou na frente do computador do que dormindo, ou fazendo qualquer outra atividade produtiva. Tem noção disso? Quantos pais se enquadram nesses números também? Não seja esse cara!

Isso sem contar o estrago que o excesso do uso do celular faz em outras áreas da sua vida. "Não vou à academia porque não tenho tempo"; "Atrasei a entrega de um projeto porque faltou tempo." Aham, mas as horas rolando videozinho todos os dias, para isso teve tempo de sobra, né?

É comprovado que quanto maior o tempo de uso de telas pelas crianças, maior o atraso em seu desenvolvimento cognitivo, relacional e por aí vai. Já deve ter ouvido falar disso, certo? Então você pensa: preciso limitar o tempo de tela do meu filho. Ok, boa medida. Mas e se você é o problema? Se você não largar esse celular, como quer exigir que seu filho faça o mesmo?

Lembre-se sempre que eles nos observam e nos copiam o tempo todo. Tem uma frase de Albert Schweitzer, um filósofo alemão, que diz:

"O EXEMPLO NÃO É A PRINCIPAL INFLUÊNCIA. É A ÚNICA."

As pessoas trabalham para pagar outra pessoa para ficar com seus filhos. Ninguém precisa ficar seis horas por dia com a criança, seria ilusão pensar assim. Mas então, ao menos uma, duas horas que você consiga, esteja ali de fato. E não mexendo no celular, ignorando silenciosamente a presença da criança.

Tenha certeza de uma coisa: você sempre terá a sensação de que o tempo passa rápido, e ele passa mesmo. Quando você cair na real, seu filho não estará mais ali disponível o tempo todo e nem disposto a pedir sua atenção, que você nunca deu.

Em minha jornada na Heineken, tive um gestor que simplesmente não conversava com as pessoas da forma certa. Em grande parte do tempo, quando íamos falar com ele, estava na frente do computador ou celular, não tirava os olhos da tela e emendava aquela frase clássica: "Pode ir falando que tô ouvindo, só tô vendo um negócio aqui".

Muitas vezes, no final da conversa ele perguntava exatamente tudo que havia sido dito alguns minutos antes, ou seja, não prestou atenção em nada. Você já passou por algo parecido? Tenho certeza que sim.

A vontade é de fechar o notebook da pessoa e dizer: "Pode realmente prestar atenção alguns minutos?". Isso quando não dá vontade de jogar longe...

Beleza, agora imagine a criança tendo que implorar por atenção frequentemente, se sentindo invisível na frente da pessoa que ela mais ama, dia após dia. Em algum momento, ela vai cansar e vai se afastar de você. E, quando isso acontecer, não adianta culpar ninguém a não ser você mesmo. Se liga!

Outro dia, mandei uma mensagem para a minha esposa, que estava em casa. Ela não me respondeu de imediato. Pensei: "Ué, aconteceu algo?". Mandei outra mensagem, mas nada. Cheguei em casa, já meio pilhado, e ela estava lá, brincando com a Eva, superpresente. E o celular? Sei lá onde ela o largou.

Naquele momento, eu percebi. Ela estava mostrando, sem dizer uma palavra, o valor de se desconectar do mundo virtual para se conectar com quem está ali, bem na nossa frente. Às vezes a gente fica nessa neurose de "e se alguém ligar? E se tiver algo importante?". Mas, na real, quem está ali do nosso lado, principalmente os pequenos, são o que temos de mais importante. Não dá mais para deixar uma notificação fora de hora controlar nossa vida.

Não bastasse o fato de alguns pais usarem celular, telas em geral, de forma exagerada, tem um lance que me deixa maluco. Hora ou outra aparecem *trends* ridículas que expõem as crianças a situações no mínimo constrangedoras. É ovo quebrado no rosto, água gelada, sustos e às vezes até alguns pequenos acidentes. E as crianças ali, visivelmente sem entender o que aconteceu, choram, ficam imóveis, assustadas. Isso tudo em troca de quê? Alguns *views*, *likes*! Caraca! Não dá!!!!

Se você nunca viu vídeos assim, não perca tempo nem para procurar. E se você fez ou faz vídeos assim com seu filho ou filha, vai se tratar!

Para mim, esse tema é um grande desafio. Gosto de tecnologia, acompanho e estudo a respeito de IA, mas é igual cuidar da saúde... "Amanhã começo", "segunda-feira vai..." E o tempo passa, o problema vai crescendo e depois fica mais difícil retomar os bons hábitos.

Temos a obrigação de usar tecnologias e as redes sociais não como um distanciamento dos nossos filhos, mas como aliadas nessa luta em prol da segurança e do desenvolvimento deles.

Largue o celular e se conecte com o teu filho. E quando decidir estar com ele, esteja de verdade, esteja superpresente. Tipo, "agora o pai vai trabalhar mais um pouquinho e depois, meu chapa, é só você e eu no campo de futebol" (ou no jogo de tabuleiro, na casa da Barbie ou no que vocês curtirem fazer juntos).

E, quando esse momento chegar, largue tudo e foque no que realmente importa. Eu não cresci vendo meus pais mexendo no celular o tempo todo, e provavelmente, acredito, que você também não. Nossos filhos fazem parte da primeira geração que estão vendo os pais ignorá-los por conta do celular.

Desafio: ao se sentar na mesa para uma refeição em família, guarde o celular. Ao brincar com seus filhos, guarde o celular. Comece, e depois me diga se não foi muito melhor assim...

CRIANÇAS X TECNOLOGIA

"Devemos ensinar nossos filhos a serem mestres da tecnologia, não escravos dela."
(David Perlmutter)

Antes de tudo, não sou do tipo que acha que tem que jogar celular, tablet e todas as tecnologias pela janela, ok? Pelo contrário, já falei que eu curto muito tecnologia, estudo e uso diariamente Inteligência Artificial e acredito que, se soubermos fazer bom uso, temos tecnologias fantásticas que podem melhorar nossas vidas.

Um exemplo que uso muito: no ChatGPT, peço para criar histórias infantis que sejam engraçadas e rápidas para a hora de dormir. Aí você pode pedir para que o herói tenha o nome do seu filho, ou a princesa seja a sua filha. Pronto, rapidamente você vai ter histórias únicas e que vão divertir a criança.

Tá no trânsito e bateu o tédio? Coloca músicas de "o que é, o que é?" no Spotify, e aqueles minutos no carro também podem ser diferentes e mais interativos.

Aqui em casa, a Eva já percebeu que comigo não rola muito essa de ficar só no celular, a gente tenta fazer outras coisas, como desenhar, pintar e inventar brincadeiras. Porque, de fato, muita tela não é legal. Não sou eu falando "não", são estudos mostrando que essa overdose de luzes, sons e estímulos pode fazer muito mal às crianças.

E tem mais, você já reparou que, quando estão vidrados no celular, eles meio que entram numa bolha? Você fala e parece que está falando com o vento, o humor muda. E pior, tem hora que só comem se o celular está ligado na frente. É algo terrível! Quando Catarina e eu percebemos que estávamos caminhando para isso, começamos a mudar drasticamente o acesso e o tempo de telas.

Em um domingo, estava no shopping com minha família e paramos em um café. Na mesa do lado, outra família: um bebê no carrinho, pai, mãe e um menino de uns 8 anos. O garoto estava literalmente com a testa apoiada na mesa, celular no colo e jogando. Não interagia com a família em momento algum. Os pais acabaram o café, levantaram da mesa e se afastaram.

A criança, imersa no seu joguinho, não percebeu os pais indo embora, enquanto eles, pasmem, continuavam se afastando e olhando para ele, rindo e se divertindo com a situação. Até que, passados uns três minutos e a criança ainda sem perceber que os adultos não estavam mais ali, o pai resolveu ligar para o celular que ele estava usando para jogar. Só então ele se assustou e levantou a cabeça, procurando onde estava sua família. Ficou claro o quanto aquilo era comum: o menino o tempo todo no celular, sem interagir nada com a família, e vice-versa.

Estabeleça regras. Aqui, a gente tem horários para usar e horários para desconectar. E tem que ser firme! Hora de desligar é hora de desligar. Sem concessões.

Acredito que o exemplo é a única forma de garantir que os filhos façam o que entendemos ser o melhor pra eles. Como gosto de ler (só em 2023 li aproximadamente 40 livros), decidi que minha filha me veria mais vezes com livros na mão do que mexendo no celular.

É engraçado como os "gurus" das tecnologias, como o Bill Gates e o Steve Jobs, preferiam dar livros em vez de telas a seus filhos adolescentes. E olha que eles são os reis da tecnologia, hein! Eles sempre falavam que o que os levou ao topo não foi ficar grudado na tela, mas sim ler, estudar e expandir a mente.

Pare e pense: se esses caras, que respiram tecnologia, pensam assim, por que nós estamos deixando os pequenos, com só 2 aninhos, grudados na tela?

Muitos especialistas estão batendo nessa tecla. A questão não é ser contra a tecnologia, mas saber dosar. A gente precisa ficar de olho e equilibrar as coisas.

Em outra ocasião, estava em um restaurante e vi uma criança de 8 ou 10 meses no carrinho. E no carrinho tinha um suporte para celular, direcionado para o bebê. Se liga no absurdo: suporte para colocar celular no carrinho de bebê!

A criança estava tão distraída com aquela telinha que era como se ele nem estivesse ali. Ela não viu o ambiente, não sentiu os cheiros, não percebeu as pessoas passando... Para ela, aquele passeio simplesmente não existiu.

E fico pensando: quantas vezes estamos fazendo isso com nossos pequenos? Quantas experiências eles estão perdendo por estarem "plugados" nas telinhas?

A pior e mais impactante cena que presenciei foi durante o café da manhã num hotel em Orlando. Uma família sentada à mesa, a filha com aproximadamente 9 anos e o filho talvez com 6. Cada um com seu Ipad devidamente apoiado bem na sua frente e um fone de ouvido quase do tamanho de suas cabeças. Aquelas crianças estavam em Orlando e, ao contrário de várias outras no mesmo ambiente, que estavam empolgadas com a Disney, com as novidades, usando roupas dos personagens favoritos, estavam presas em seu próprio mundo.

No momento que passei por eles, o pai chama o filho, uma, duas vezes, faz gestos, e o menino nem se move. Eis que o pai dá um tapa no rosto do menino, derrubando o fone. Vou repetir: o pai, tentando falar com seu filho, que estava com o Ipad e o fone que ele mesmo permitiu estarem ali, deu um forte tapa na cara do seu próprio filho, derrubando seu fone e, obviamente, fazendo o menino chorar copiosamente. Fica até difícil enumerar quantos erros em uma simples cena.

Steve Chen[7], um dos criadores do Youtube, declarou que diz para seus filhos não assistirem ao Youtube Shorts, que são os vídeos curtos, no mesmo conceito dos Reels e do TikTok. O motivo é bem simples: é viciante!

Está comprovado que vídeos curtos liberam mais dopamina, causando sensação de alegria e prazer e, quanto mais o cérebro recebe, mais deseja. Ou seja, o impacto no comportamento é direto, pois a criança terá cada vez mais dificuldades em realizar atividades complexas que exijam concentração, uma vez que ela estará mais irritada, ansiosa e imediatista.

A Suécia foi o único país que, desde a década de 1990, buscou implementar educação 100% digital nas escolas. Pois bem, recentemente, mediante a ministra Lotta Edholm, o país anunciou que desistirá da estratégia e investirá milhões de euros para garantir livros impressos aos alunos. Por quê?

Ela destaca em nota publicada: *"Recursos didáticos digitais, se usados corretamente, apresentam certas vantagens, como combinar imagem, texto e som. Mas o livro físico traz benefícios que nenhuma tela pode substituir"*, destaca a ministra.[8]

E segue: *"Os alunos têm atualmente menos capacidade de concentração. Dedicam menos esforço para escrever bem, porque programas de ortografia automática fazem a escrita parecer mais fácil do que é. O principal problema é que o computador também é uma distração"*. Percebe que não é somente sobre ter acesso a telas e internet? É uma questão mais abrangente, é uma estratégia pedagógica, é neurociência.

---

[7] Ver em: https://www.startse.com/artigos/falo-para-meus-filhos-nao-assistirem-ao-youtube-shorts-diz-cofundador-do-youtube/.

[8] Ver em: https://educacao.jornalfloripa.com.br/noticia/517#google_vignette.

Você permite que seu filho coma um quilo de chocolate por dia? Ou, em vez de tomar água, só beber refrigerante? Bem, eu espero que não!

Mas por que você não deixa? Porque você sabe que o excesso desses "alimentos" vai causar sérios problemas de saúde, e a repetição desses hábitos trarão consequências muito graves e irreversíveis. E se eu te disser que, em relação às telas, a lógica é a mesma? Aliás, não sou eu quem está dizendo isso; são os vários estudos que comprovam isso. Ninguém está dizendo para cortar totalmente, mas é necessário que os adultos saibam controlar e colocar limites.

A tecnologia é boa, mas nada supera a realidade e as experiências ao vivo e a cores.

Um outro alerta é sobre ficar de olho nesses jogos on-line. O moleque pode estar ali no sofá, mas a cabeça dele está em outro mundo, jogando com um monte de desconhecidos.

Aí você pode dizer: "Rafael, é muito difícil cortar a tela". Pode ser, mas se tornará cada vez mais difícil à medida que você mais demora para tomar uma atitude. Você não vai simplesmente tirar a tela; é preciso ensinar a criança a gostar de outras coisas mais do que ela gosta de tela. É a mesma dinâmica de um brinquedo novo, que faz rapidamente um antigo ser esquecido!

Eva e os amiguinhos chegaram na fase do "Minecraft". De início, minha esposa e eu não deixamos, mas, no final, liberamos. Passou um tempo, os resultados: uma amiguinha não queria mais dormir de luz apagada no quarto porque lembrava dos zumbis e das aranhas do joguinho. A Eva se descontrolou porque, antes de fazer uma atividade, precisava terminar o telhado da casinha no jogo.

Em uma breve conversa com as mães, vimos que os relatos eram parecidos. Pronto, jogo desinstalado! Na mesma hora, uma amiga disse: "Os meninos estão há seis dias sem celular e tablet, parecem outras crianças. Voltaram a brincar com brinquedos que estavam esquecidos, estão mais calmos".

De fato, os melhores momentos que tenho com minha filha são "off-line". Uma simples caixa de sapato, canetinhas e massinha de modelar podem virar uma distração e brincadeira de muitas horas durante um final de semana.

Recomendo a leitura de um livro do Ítalo Fogaça: *10 razões para manter seu filho longe das telas*. Leia e tome suas decisões sobre esse tema. Além desse, tem vários outros livros e estudos abordando de forma mais completa e comprovando cientificamente o que falei aqui. Mais uma vez, a decisão de agir em prol do teu filho ou não está contigo!

NÃO SE COLOQUE NUM PEDESTAL, SE PERMITA ERRAR E PEÇA DESCULPAS!

"Vulnerabilidade não é ganhar ou perder; é ter coragem de se mostrar quando não se pode controlar o resultado."
(Brené Brown)

Você já deve ter entendido que ser pai é como ter um espelho humano te seguindo 24 horas por dia, 7 dias por semana. Já reparou nisso? Tudo o que a gente faz, eles estão lá, imitando. E isso é uma responsa danada! É como se a gente tivesse que ser perfeito o tempo todo, mas, pô, quem consegue? Ninguém. Tem dias que a pressão é grande, que tudo pesa, e ainda assim queremos ser o superpai, mas sempre acabamos cometendo uma gafe aqui e ali.

Sabe quando você está dirigindo e acaba soltando um grito porque alguém te cortou no trânsito? Ou quando esquece daquela promessa de brincar e acaba adiando? Pois é, a gente erra. E tá tudo bem. Porque depois a gente pode sentar com nosso pequeno e dizer: "Ei, desculpa aí. Perdi a cabeça, esqueci do nosso compromisso, mas vou tentar ser melhor na próxima". Mostrar que a gente também erra e que somos humanos é uma bela lição para o nosso filho, porque eles também vão errar. E a gente vai estar lá, para ensinar e aprender junto.

Quando viramos pai, achamos que precisamos ter todas as respostas e esconder todos os nossos erros e defeitos. Eu mesmo não lembro de ter ouvido um mero pedido de desculpa dos meus coroas. Loucura, né? Nós achamos que pedir desculpa aos filhos é sinal de fraqueza, quando na verdade é o contrário.

Outro dia, minha pequena acordou daquele jeito: chorosa e impaciente. Minha esposa tinha acabado de sair do plantão e queria descansar um pouquinho. No meio dessa confusão, perdi a paciência e soltei os cachorros, falando alto e deixando de lado toda a compreensão que sei ser tão essencial.

Depois, percebi a mancada e fui lá, com o rabo entre as pernas, pedir desculpa. E é isso aí, sabe? Mostrar que a gente também tem falhas e vulnerabilidades não é fraqueza, é humanidade. E na real? Isso conecta. Ao se abrir, dizer "ei, errei aqui, foi mal", você cria uma conexão forte pra caramba. Mas também não dá pra repetir toda hora e só ficar se desculpando...

Aprendizado é a palavra do jogo. Todo dia é uma nova lição, e a nossa molecada está aí para nos ensinar tanto quanto a gente os ensina. Exato, não sou eu que a ensino a ser filha, e sim ela que me ensina a ser pai. E te digo: aprender com ela tem sido a maior aventura da minha vida.

Imagine só: se sua filha te vê como esse cara super-herói, sem falhas, acha que vai ter coragem de vir falar dos tropeços dela? Claro que não! Ela vai pensar: "Poxa, meu pai nunca erra, como é que vou contar pra ele que vacilei?". Mas se ela vê que até o pai dela, o grande herói, às vezes dá uma derrapada, vai pensar: "Ah, tranquilo. O pai entende, ele também erra".

Não precisamos ser o Super-Homem para os nossos filhos o tempo todo. Tendemos a achar que precisamos ser sempre o herói da história, sem medos e sem erros, mas na realidade nossas vulnerabilidades podem ser uma baita lição para eles.

Por exemplo, quando levamos a Eva para um passeio de balão, estávamos muito empolgados, ela mais ainda, mas quando chegamos e ela viu aquele balão imenso se enchendo, com aquele barulho de chamas... Mano, o pavor tomou conta! Ela grudou em mim e já queria ir embora, mesmo sendo impossível voltar. Uma vez que o balão decola, já era. Não tem retorno. Aí um dos pilotos, vendo a situação, colocou a filhinha dele pra voar no mesmo balão que a gente, mas mesmo assim Eva seguia resistente.

Então, abaixei na altura do ouvido dela e falei: "Filha, vou te contar um segredo: o papai aqui também tá com medo". Ela arregalou os olhos e perguntou: "Sério?". E eu: "Pô, nunca fiz isso antes e é alto pra caramba! Mas acho que a gente vai curtir". E, assim, vendo que até o "invencível" pai dela sentia medo, Eva se acalmou.

Resultado? Quando a gente estava lá em cima, curtindo a paisagem, ela não queria mais descer! Adorou a experiência e ainda riu do desespero inicial.

Pois é, se mostrar humano para o nosso filho é fundamental. Contar das nossas cagadas, dos nossos medos, das vezes que a gente escorregou... Isso faz com que eles se identifiquem. se sintam acolhidos e, de quebra, aprendam com a nossa trajetória. Não é sobre ser perfeito, é sobre ser real.

A gente está aqui para ser guia e também para aprender com os pequenos. E o mais importante: para criar esse canal aberto e essa conexão, pois eles precisam saber que podem contar com a gente, nos melhores e nos piores momentos.

COMUNICAÇÃO – E AÇÃO – NÃO VIOLENTA E ESCUTA ATIVA: COMO FALAR, OLHAR, AGIR E OUVIR!

"Toda violência é uma expressão trágica de uma necessidade não atendida."
Marshall Rosenberg

UM ERRO DE NÓS, PAIS, É NÃO OUVIR A CRIANÇA COM A INTENÇÃO DE ENTENDER. OUVIMOS COM A INTENÇÃO DE RESPONDER. FICA LIGADO!

Você já deve ter ouvido falar por aí sobre a tal comunicação não violenta, não é? Antes de tudo, no contexto da paternidade, saiba que ela não é só sobre ação, meu velho. E também não é só sobre o que a gente fala. Tem muito daquilo que a gente não fala, saca? Comunicação não é só palavra; inclui toda a linguagem do corpo, o tom da voz e até a forma como nós olhamos para os nossos filhos.

Quando falta acesso à informação, vem o grito, o tapa, as ameaças... "Se tu não fizer isso, vou te dar um corretivo!" Como já vimos, colocar medo não é a saída. Não rola. E, além da comunicação não violenta, sabe essa escuta ativa que a galera tanto fala? É deixar o pequeno se expressar, ouvir mesmo, com atenção. Se a gente não dá espaço para eles falarem, como vamos saber o que se passa nas cabecinhas deles?

Quando seu filho vier te contar ou mostrar algo, tente parar o que estiver fazendo e prestar atenção. Para a criança, aquele momento é muito importante, pois ela vai crescer sabendo que você se importa com o que ela diz. Um erro de nós, pais, é não ouvir a criança com a intenção de entender. Ouvimos com a intenção de responder. Fica ligado!

Se a gente não escuta, um dia eles pensam: "Ah, o velho não liga pro que eu falo". E aí, quem eles vão procurar quando tiverem uma dúvida? Os amigos, a rua, a internet. E não é isso que a gente quer, né? O meu objetivo é que, se minha filha tiver uma pergunta, por mais desconfortável que seja, que ela venha até mim ou minha esposa. Mesmo que eu dê umas tropeçadas para responder, é melhor que ela aprenda comigo do que pegar informação errada por aí.

Escrevendo sobre isso eu percebo como criar uma criança é tipo... lidar com outro adulto. A gente se sente mal quando quer compartilhar algo com alguém e essa pessoa nos corta, não nos dá ouvidos. Nós não fazemos isso com um amigo, por que fazer com um filho? Em um curso que fiz com Thomas Brieu, o assunto principal era "Escutatória", e ele cita um trecho de Rubem Alves: *"Todo mundo quer aprender a falar; Ninguém quer aprender a ouvir"*.

Ao mesmo tempo, não podemos usar isso como desculpa para a permissividade, porque ser firme e colocar limites não é o mesmo que ser violento. Eu te pergunto: você quer que seu filho tenha medo de você ou que ele confie em você e se sinta seguro ao seu lado?

Já mencionei que eu apanhava do meu pai, muitas vezes com uma força desproporcional, por um motivo pequeno. Naturalmente, apesar de lembrar desses momentos de forma negativa, foi instalada na minha cabeça que essa seria a forma correta de lidar com minha filha também.

E aí, sim, já dei umas palmadas na Eva, em proporções muito menores que recebi, mas, de qualquer forma, repetia esse comportamento. Até que eu percebi um padrão no pensamento que tinha logo após esses episódios: arrependimento e sensação de incapacidade.

Mas o que uma coisa tem a ver com outra? Incapacidade? Sim!

Conforme fui me especializando em vários assuntos de desenvolvimento infantil e emocional, lendo artigos e livros a respeito de toda essa dinâmica, entendi que minha incapacidade de dialogar, ensinar e gerenciar minhas próprias emoções era o que faziam com que eu perdesse o controle e partisse para a palmada na minha filha.

"Ah, Rafael, mas você não conhece meu filho, ele é terrível, é impossível fazer obedecer sem que seja dando uns tapas nele." Eu já fui esse cara e te afirmo: o problema está em você, e não no seu filho!

Claro que nenhuma criança é igual à outra. Nossa jornada com os pequenos é desafiadora demais. Mas ao bater no seu próprio filho, você está provando para si mesmo que é incapaz de lidar com situações adversas de maneira mais madura e inteligente.

Repito, eu já fui esse cara! Até que um dia eu sentei no chão na frente da minha filha, olhei no fundo dos olhinhos dela e prometi: "Filha, o papai nunca mais vai encostar a mão em você pra te bater. Você me ajuda? Quando eu precisar falar mais forte com você, eu vou falar, eu preciso te ensinar muitas coisas que podem ou não ser feitas, mas eu vou sempre tentar ao máximo resolver de outro jeito, combinado? Você me desculpa?".

Esse foi um daqueles momentos que Deus fala através das crianças. Ela, com os olhinhos cheio de lágrimas, me olhou e disse: "Tudo bem, papai. Eu sei que eu te deixo irritado algumas vezes, mas eu te amo e quero aprender com você".

Dei um abraço bem apertado nela e curti aquele momento.

E depois daí, só mar de rosas? Claro que não! Tem dias que eles têm o dom de zerar nosso combustível de paciência. É um treino diário e, ao olhar para trás e perceber o quanto nossa relação evoluiu, vem a sensação de que, agora sim, estamos no caminho certo, mesmo com curvas, altos e baixos.

Faça esse exercício. Toda vez que tiver vontade de corrigir fisicamente, respire e pense o quanto você pode estar afastando seu filho de você, gerando bloqueios fortíssimos na cabeça dele.

Você é melhor que esse momento de raiva. Controle isso, mude sua forma de agir e aos poucos será muito mais fácil lidar com seu filho. Faça por ele, mas também por você mesmo. O peso da sua mão também pode — e deve — ser usado para oferecer proteção e carinho.

Tem uma galera que acha que se você não bater, vai ser aquele pai liberal, que permite tudo e não diz uma negativa à criança, que vai criar filhos sem limites e moles demais. Não é bem assim. Dá para ser firme, colocar limites e ainda assim ter uma relação saudável com seu filho. É aquele esquema: "Até aqui, pode; daqui pra frente, não pode". E quando for a hora de ser mais duro, seja!

NA MAIORIA DAS VEZES OS PROBLEMAS QUE NÓS ACHAMOS QUE ESTÃO NA CRIANÇA, ESTÃO E PRECISAM SER TRATADOS NOS ADULTOS.

Mas lembre-se sempre de tratar seu filho com o mesmo respeito que você trataria qualquer outro ser humano, seja ele seu chefe, seu colega de trabalho ou sua esposa.

Por falar em chefe, pense na cena que com certeza já deve ter acontecido com você ou com alguém muito próximo. Em um momento qualquer, um chefe teve que dar uma "carteirada" para que a equipe o ouvisse ou fizesse o que ele estava mandando. Ou pior, gritou, bateu na mesa, desrespeitou você ou um colega de trabalho. O que você pensa? "Que cara idiota!! Não tem o respeito da equipe e precisa gritar..." Se liga, esse exemplo não é sobre chefes e liderados, sacou?

Então, entenda que criança também merece respeito. Falar firme? Pode, mas sempre mantendo a dignidade e o carinho. Não existe fórmula para educar, mas esteja certo de que, ao bater, só vai despertar medo e raiva no seu filho e ele vai torcer para chegar logo o momento de estar longe de você.

Quer ler mais sobre o assunto? Então anota a dica de livros sobre o tema que são verdadeiros *best sellers*: *Porque Gritamos* e *Educação não Violenta*, da escritora Elisama Santos. Leitura obrigatória também é *Raiva não educa. A Calma educa*, da escritora Maya Eigenmann.

Acha besteira, exagero? Beleza, não culpe ninguém pelos resultados depois...

Como já contei antes, na intenção de garantir o desenvolvimento de uma criança emocionalmente saudável, procuramos por ajuda profissional em alguns momentos para aprender a lidar com as fases da Eva. Até que encontramos uma profissional cuja proposta do trabalho é iniciar com os pais, sem sequer falar diretamente com a criança. Os resultados são fantásticos!

Por meses temos nossos encontros, ora comigo, ora com minha esposa, e ela nunca conheceu a Eva pessoalmente. É mais fácil transferir a responsabilidade para uma criança que nem sabe se expressar direito, querer que ela faça acompanhamento psicológico, quando, na real, na maioria das vezes os problemas que nós achamos que estão na criança, estão e precisam ser tratados nos adultos.

Também na grande parte dos casos, os comportamentos que refletimos nos filhos são fruto de acontecimentos de quando éramos crianças, e se faz necessário entender e ressignificar para não transferirmos a carga para os pequenos.

SOCIALIZAÇÃO

"A primeira tarefa da educação é agitar a vida, mas deixá-la livre para se desenvolver."
(Maria Montessori)

Você já reparou como as coisas mudaram desde a nossa época de moleque? Lembro que, pô, com uns 6 anos eu já estava lá fora jogando bola e indo para a escola sozinho. Agora, a criançada vive numa espécie de bolha. "Não cruza a rua!", "Espera na porta da escola!". Claro, os tempos são outros e não devemos menosprezar os perigos crescentes que nos rondam. Recebi esses dias umas infos sobre como os abusadores abordam as crianças nos jogos on-line, por exemplo. Coisa que a gente nem imaginava quando era pequeno!

Mas precisamos tomar muito cuidado para não cruzar o limite que separa o cuidado da superproteção, pois assim a gente acaba não deixando a molecada desenvolver autonomia. Sabe aquela coisa de aprender com os tombos, de fazer escolhas, errar e acertar? Eles precisam disso!

Tem uns pais que, além de blindar demais os filhos, querem decidir tudo por eles ou transferir medos e neuras que são nossos. Por exemplo, minha mãe sempre teve medo de montanha-russa e passou isso para mim. Cada vez que a gente ia no parque de diversões era um deus-nos-acuda, como se estivéssemos pulando de um avião em movimento.

Até que, felizmente, minha tia um dia me levou no Hopi Hari e me mostrou que tá tudo bem encarar um medo ou dois.

Hoje, eu tento fazer diferente com a minha pequena. "Vai lá, experimenta! Não curtiu? Beleza, pelo menos tentou." Porque é assim que a gente cresce, né?

Um dia levei a Eva para fazer uma aulinha de muay thai, esporte que pratico. Antes de ir, ela olhou para mim com aqueles olhinhos meigos e soltou um "Se eu não curtir, tá tranquilo, né, pai?". Claro que tá! Falei para ela que essa é a hora dela de experimentar coisas novas, descobrir os próprios gostos e criar hobbies que talvez levará para a vida toda. "Se curtir, segue em frente; se não, sem estresse".

E adivinha? Ela voltou toda animada. Claro, a molecada adora essas atividades que misturam diversão e aprendizado. A gente precisa deixar os pequenos explorarem, descobrirem do que gostam. Se ficarmos só no "não faz isso, não faz aquilo", eles nunca vão achar aquilo que faz o coração deles bater mais forte.

Tenho para mim que se você quer fazer seu filho se desenvolver, se desafiar, testar até onde consegue ir e aprender o que é disciplina, não há nada melhor que os esportes. Nos esportes, além da criança conhecer outras pessoas, ela aprende um monte de coisa boa, em especial a importância do trabalho em equipe e o respeito para com as autoridades.

Por exemplo, quando chegamos na primeira aula de muay thai, eu mostrei para ela como cumprimentamos o mestre e como pedimos permissão para entrar no tatame. E aí, durante o treino, eu deixo bem claro que quem manda é o mestre, e não mais eu. Ela tem que respeitar ele, ouvir o que ele fala e entender a hierarquia que há ali. Dessa forma, ela adquire respeito não só pelo mestre de muay thai, mas pelo professor, pelos avós, tios e todas as figuras que têm uma certa autoridade em seu dia a dia.

E como fazer com que seu filho se interesse por algum esporte? Como sempre: pelo exemplo!

Quando o assunto é socialização, a rotina dos pais novamente serve como um espelho. Particularmente, eu confesso que, com o tempo, eu fui ficando mais caseiro. No passado, era de sair com uma galera enorme, fazer festa todo fim de semana. Mas hoje? Ah, mano, tem dia que sou capaz de pagar só pra ficar quieto em casa, relaxando com minha esposa e filha.

Gostamos de sair apenas entre nós, de curtir um jantarzinho ou até fazer um churrasquinho em casa. Não é sempre que temos a casa cheia de amigos e família, mas isso não significa que somos antissociais.

Então, para mudar um pouco essa *vibe*, começamos a conhecer outros pais na escola, fazer um churras no fim de semana, celebrar aniversários e até planejar viagens juntos. E isso, além de ser muito legal para a gente, é ótimo para a Eva, porque os pequenos estão sempre de olho na gente, vendo como nos comportamos. E se a gente se fecha no mundinho da nossa casa, a criança vai achar que é isso que tem que fazer também. Então, assim como em todos os outros aspectos, devemos ser exemplo, mostrar para ela que é legal interagir, ser educado e respeitoso com os outros.

Já parou para pensar sobre como a gente espera que eles saibam se relacionar bem com as pessoas se, muitas vezes, o que eles veem são apenas os coleguinhas da escola e depois a gente mesmo, dentro de casa? Onde está a nossa parte dentro disso? Se eu quero que minha filha seja boa em socializar, eu também preciso dar esse exemplo. Preciso mostrar para ela como é legal fazer amizade, como a gente trata os amigos e que somos pessoas agradáveis de se conviver

A socialização é a chave. Relacionamento com os outros é fundamental. Nós aqui em casa estamos tentando melhorar nisso, estimulando a interação não só dela com os amigos, mas nossa com os outros pais também, fazendo coisas juntos para criar uma relação mais próxima. O lance é achar um equilíbrio, procurar espaços onde toda a família possa curtir ao mesmo tempo que a molecada possa brincar e fazer amigos também.

Fizemos uma viagem para a serra catarinense. Fomos em cinco casais, todos com seus filhos (Catarina e eu éramos os únicos com uma filha só, e aproveitei para reforçar aquele desejo de aumentar nossa família). Durante os três dias, aproveitamos o local como pudemos. Rolou jogo de cartas, comidas, balão de água, passeio de barquinho no lago, galos cantando de madrugada, comida de novo, visita em vinícola, mais comida, colchões no chão para a criançada dormir...

Tudo entre um grupo de quase vinte pessoas, entre adultos e crianças. E o mais legal foi ver a interação dos nossos filhos, a relação que se estreitou mais entre pais e mães e o cuidado de um com o filho do outro. Sem dúvidas vamos repetir esses momentos e seguir criando excelentes memórias para todos. Acredito que, se queremos evoluir como família, temos que vivenciar momentos em família também, com pessoas que passam os mesmos perrengues que nós e dividem os mesmos valores e tantas experiências parecidas com as crianças.

Já ouviu falar da pesquisa de Harvard que acompanhou algumas pessoas ao longo de 75 anos de estudo, né? Incrível! Eles analisaram um monte de caras desde a juventude até a velhice. E a conclusão foi algo que no fundo a gente já sabe, mas às vezes esquece: relações de qualidade são a chave para uma vida longa e feliz.

E, se o segredo para viver mais e melhor é ter um ambiente feliz e saudável, bora começar isso em casa, né? Ter uma relação respeitosa e de amor com nossos filhos, mostrar para eles o valor das boas amizades e da família unida. Porque, no fim das contas, o que a gente quer é que eles cresçam felizes e saudáveis.

TRANSMISSÃO DE VALORES

"Mais vale um bom nome do que muitas riquezas; ser estimado é melhor do que a prata e o ouro."
(Provérbios 22:1)

Transmitir valores não é só dizer o que não se pode fazer ou falar. Nós precisamos ir além.

Às vezes, é mais sobre orientar do que proibir. Em vez de só falar "não minta", por que não dizer "fala comigo, tô aqui pra te ouvir, independentemente do que seja"? É preciso passar para os pequenos a importância de ser honesto e de respeitar o espaço do outro.

Te conto mais uma história: minha filha, por volta dos 4 ou 5 anos, começou a trazer coisas da escola para casa, tipo uma massinha, um lápis. Na hora, pensamos: "Eita, como lidar?". Depois de uma conversa com uma profissional, descobri que, às vezes, a criança curte tanto um lugar que quer levar algo consigo para lembrar. Mas é claro que isso não pode, né?

E aí, tivemos que ensinar:

— Não pode pegar o que não é seu. Gostou de algo da amiguinha? Pergunta onde comprou, conversa, mas nunca pegue escondido.

E isso me fez pensar: é um jogo de equilíbrio. Em vez de só dizer "não", é mostrar o caminho certo. E o mais massa é que, ao ensinar isso, você está construindo uma relação de confiança com seu filho. Eles precisam saber que a gente está ali, para dar a mão e guiar.

Em uma sexta-feira, depois de buscá-la na escola, fomos tomar um açaí (ela adora!). Depois, precisei comprar algumas coisas para o meu negócio e decidimos dar uma passada numa daquelas lojas que vende de tudo um pouco, sabe? Pois bem, o nosso telefone fixo havia quebrado e acabei comprando um novo. Cheguei no caixa, coloquei tudo o que tinha comprado na esteira, paguei, tudo certinho... Ou quase.

Na saída, chequei a nota e vi que o valor estava diferente do que imaginei. E adivinha? Ela não tinha cobrado o telefone. Um aparelho de 210 reais! Já estava fora da loja, com a Eva ansiosa para abrir alguma coisinha que ela sempre pede para comprar, mas parei, olhei para ela e disse: "Temos que voltar".

Voltei e expliquei para a atendente que ela não tinha cobrado o telefone. Ela pediu desculpas e agradeceu por eu ter voltado, mas o que me marcou mesmo foi a conversa depois com a Eva. Perguntei se ela tinha entendido o que tinha rolado. Ela ficou meio confusa, então expliquei que, mesmo que a atendente tivesse se distraído e esquecido de cobrar, o certo era voltar e quitar o valor. Não podemos simplesmente levar algo sem pagar, mesmo que por um erro alheio.

Eva perguntou se eu tinha pegado o telefone de propósito. E eu falei: "Não, filha. Mas quando percebi o erro, tinha que fazer o certo". E é isso que quero passar para ela: que a gente sempre tem que fazer o certo, mesmo quando ninguém está vendo.

O que a gente ensina para os nossos pequenos não tem preço. Não era uma questão de 200 reais. O preço pouco importava. O importante são os valores que a gente imprime na mente deles, saca?

Em outra dessas saídas com a Eva, uns moleques vieram pedir uma grana no estacionamento do McDonald's. E eu não tinha. Só uso Pix e não levo um centavo na carteira. E ao dizer isso para os garotos, uma funcionária do local me jogou uma indireta, daquelas bem ácidas, como se eu fosse um mesquinho que não quisesse ajudar.

"QUEM DÁ ALÍVIO AOS OUTROS, ALÍVIO RECEBERÁ".

Eu pensei "peraí", voltei e falei para ela que realmente estava sem dinheiro. Não era desculpa, era a verdade. Depois disso, ao sair, um dos meninos se aproximou e eu quis saber mais de sua história. Moleque de 11, 12 anos, morando em um lugar tenso, tentando levar comida para casa.

Então lembrei de umas cestas básicas que tinha comprado e que estavam no carro. Dei uma para ele. Você precisava ver a cara do garoto, cara! E o mais legal? Minha filha viu tudo. E ela entendeu. Ela viu o real valor das coisas, de ajudar e de ser honesto. Está escrito há milhares de anos: "Quem dá alívio aos outros, alívio receberá".

Por isso, eu reforço sempre para ela: é sobre isso que a vida é feita. Valores, honestidade, compartilhar e ajudar. Essa é a lição mais valiosa que podemos passar para eles, e devemos sempre exercer atos que demonstrem esses valores na prática, doando ao próximo e explicando a importância do que estamos fazendo.

RITUAIS

"A vida é feita de pequenos nadas que, costurados com delicadeza, tornam-se uma eternidade."
(Mário Quintana)

Rituais e momentos especiais com a família fazem uma diferença danada para estreitar os laços.
    Por aqui, temos uns costumes que acho bem massa. Um deles é agradecer. Não é bem uma oração tradicional, é mais um momento de gratidão pelo dia, pela comida e pelas coisas boas em geral. Por exemplo, minha esposa costuma fazer plantões de 24 horas seguidas no hospital. Imagina o corre! Então, nas vésperas desses plantões, fazemos questão de sentar todos juntos na mesa para valorizar aquele tempo em família.
    A pequena Eva já pegou a manha: refeições acontecem na mesa. Claro, de vez em quando a gente dá uma relaxada, tipo um café da manhã de domingo no sofá, mas o bacana é que ela já entende que aquele momento é para estarmos juntos.
    E, além disso, a hora de dormir é sagrada. Às vezes lemos algo, outras vezes assistimos a um vídeo educativo, mas o mais legal é esse papo que rola antes de pegar no sono. Geralmente pergunto para ela coisas que curtiu fazer comigo

e coisas que não curtiu tanto assim. É o nosso jeito de trocar uma ideia e entender o que se passa na cabecinha dela.

Outro exemplo: eu faço questão de todo dia, seja na entrada da escola, na saída da natação, ou na hora de dormir, trocar um beijo com a minha filha. E o "eu te amo"? Falo sem parar, cara! E é incrível ver como ela retribui, muitas vezes do nada, só pelo carinho mesmo.

Recentemente, ao colocá-la para dormir, já estava naquele momento que a criança fica agitada, a gente vai falando para fechar os olhos e eu já quase dormindo, mas ela não... Até que, quando achei que ela já estava dormindo, ela solta:

— Papai...

— Oi, filha, não dormiu ainda?

— Só quero te falar uma coisa.

— Fala, filha...

— Eu adoro ser sua filha, papai.

Esse com certeza é um daqueles momentos na nossa vida que eu queria congelar e parar para sempre ali, porque não tem nada mais doce e que emociona mais do que ouvir isso espontaneamente de uma criança. Também é um grande sinal de que minha esposa e eu possivelmente estamos no caminho certo sobre a criação da Eva, estabelecendo uma conexão muito forte em nossa família.

É incrível o impacto que um minutinho pode ter. Mesmo naqueles dias que a correria toma conta e a gente mal tem tempo para respirar, apenas 60 segundos podem fazer toda a diferença no mundo de uma criança. É o que eu chamo de minuto mágico, aquele em que você se joga na brincadeira do seu filho, olho no olho, embarcando sem medo na imaginação dele, mesmo que seja só para imitar o personagem de desenho favorito dele ou fazer outra brincadeira qualquer. Um minuto de pura diversão, deitado no chão, naquela bagunça boa que só a mente deles pode criar. Isso fortalece uma conexão que vale ouro.

E, nesses momentos, tem uma pergunta que vale tanto quanto o "eu te amo". Perguntar "você se sente amado?" é abrir uma porta para entender o coração do seu pequeno. Se a resposta for "sim", pedir um "por quê?" pode revelar muito.

Geralmente, a resposta é alguma coisa supersimples e pura, do tipo: "Me sinto amado porque você brinca de avião comigo". E se, por acaso, a resposta for "não", é a sua deixa para saber o que ajustar. A gente às vezes acha que para fazer o filho se sentir especial tem que ir até a lua e voltar, mas a verdade é que eles valorizam as coisinhas do dia a dia, aquelas bem simples.

São esses instantes, esses pequenos gestos, que no fim das contas fazem toda a diferença. Porque é nisso que a gente percebe o amor crescendo, o carinho se fortalecendo e a conexão se aprofundando.

Estabeleça seus rituais. Cada família tem o seu jeitão, e o que importa é encontrar aquilo que faz sentido para vocês. E, pode apostar, esses abraços, beijos e instantes compartilhados serão as memórias mais valiosas da sua caminhada.

"PORQUE SIM!"

Estava refletindo sobre algo que, muitas vezes, acaba sendo uma falha nossa, sem perceber, na educação dos pequenos: o tal do "porque sim". Você já se pegou dizendo isso?

Mano, pensa bem, para a criançada isso é muito complicado. Ela até pode fazer o que você está pedindo, mas fica sem entender o motivo e não leva a lição para a vida. Por exemplo, quando a gente pede para arrumar o quarto: "Vai lá arrumar!", "Por quê?", "Porque eu mandei!". Isso não funciona! Poderíamos dizer algo como: "Pra ficar organizado, pra tu achar teus brinquedos mais rápido, pra não tropeçar nas coisas". Explicar faz toda a diferença.

Se nós, adultos, gostamos de entender os "porquês" nas tarefas do trabalho ou em qualquer decisão, por que com os pequenos seria diferente? Imagina o chefe chegando e falando: "Faz isso aí!", "Mas por quê?", "Porque eu mandei!". Dá uma frustração danada, né?

Se a gente quer que eles cresçam com autonomia, entendendo o que fazem, temos que trocar o "porque sim" por explicações sinceras. Eu sei que dá trabalho, mas é um investimento que renderá dividendos para sempre na vida do seu filho e, consequentemente, na sua própria.

Por outro lado, a palavra "não" parece não ter efeito quando queremos dizer algo, mas é uma resposta automática que a criança dá em várias situações. Exemplo:

— Filha, não risca a parede. — Ela vai lá e risca.

Ou então:

— Filha, vamos pro banho? — Resposta padrão: "Não!".

Com isso a gente vai aprendendo alguns truques que funcionam muito por aqui, e talvez dê certo por aí também. Em vez de falar para sentar na mesa e comer, pergunte:

— Agora que vamos comer, você quer usar o prato de urso ou o outro com divisórias?

Na cabeça da criança, ela já passou pela etapa de tomada de decisão sobre comer ou não, e a dúvida fica somente sobre qual prato usar dessa vez.

Outro exemplo: tente trocar "vamos colocar a roupa" por "hoje você vai usar a calça amarela ou a vermelha?".

O lúdico e as competições também são boas ferramentas.

— Eva, vamos ver quem toma banho mais rápido, você ou a mamãe? Mas tem que ser banho completo! — Pronto, lá vai ela para o banho e ainda se diverte.

Ou que tal:

— Filha, a Patrulha Canina não atende ao chamado de crianças que não escovam os dentes e nem dá pra seguir assistindo desenho com os dentes sujos. — Como mágica, ela pega a escova, se dedica a deixar os dentes bem limpos e depois ainda pede para a gente conferir se a boca está cheirosa.

E por aí? Quais truques você usa para não sair impondo tudo e só justificar com o "porque sim"?

ESTÍMULOS

Já conhecemos bem a rapidez com que as crianças estão sempre aprendendo. Lembra quando eles apenas trocavam palavrinhas e, de repente, já estavam falando tudo certinho? Pois é! E quanto ao desfralde então? Para alguns é moleza, para outros, um desafio e tanto, mas a questão principal para nós é: estamos realmente comemorando e estimulando esses avanços?

Eles adoram nos mostrar suas conquistas. "Pai, olha o que eu consegui fazer!" E precisamos estar de olhos e coração abertos, para elogiar, estimular e comemorar com eles. Não é questão de bajulação, mas de dar aquele suporte moral que eles precisam para se sentirem confiantes e impulsionados. É o que eu já disse: em vários aspectos, lidar com uma criança é como lidar com um adulto. Se você compartilha uma conquista com um amigo, espera que ele se mostre pelo menos um pouco entusiasmado e orgulhoso, certo? Agora multiplique isso por mil e veja o que o seu filho espera de você nesses momentos.

E, falando nisso, por que não compartilhar também nossas vitórias com eles? Um dia bacana no trabalho, um negócio fechado: divida isso com a criançada. Mostre que temos dias bons e que eles merecem ser celebrados. No meio do corre-corre do dia a dia é fácil ficar reclamando, mas, mano, reclamar não leva a lugar nenhum e não ensina nada a ninguém. Precisamos, sim, mostrar o preço que pagamos pelas nossas vitórias, mas de forma leve e educativa, nunca em forma de reclamações.

Se a gente focar apenas no negativo, a criançada cresce com a mente focada em problemas, e não em soluções. Eles levam isso para a vida toda. Por isso, eu mesmo tenho tentado incorporar esse elemento na minha forma de ser um pai intencional: passar para a minha pequena o valor real das coisas, não só o quanto custa.

Deixe eu te contar uma parada que rolou aqui. Minha esposa teve que dar um plantão no hospital e ficou lá de quinta a sábado de manhã. E, na sexta à noite, caiu um temporal daqueles! Eva até se assustou com os trovões, então fomos para o quarto se aconchegar e tentar dormir.

Foi nesse momento que ressaltei a necessidade de sermos gratos. E ela me solta: "Agradecer o quê, pai?". E falei: "Vamo lá, gatinha! Agradecer que estamos aqui, sequinhos, enquanto tem gente lá fora enfrentando a chuva. Tem o pessoal trabalhando, os motoboys entregando nossa comida. E por falar nisso, a gente jantou uma comidinha top, tomou banho, tá de roupa limpinha, quentinhos sob as cobertas. Tá vendo como a gente tem um monte de coisa boa ao nosso redor?".

E ela me olha e diz: "Nossa, papai, a gente é sortudo, né?". E é isso mesmo! Não precisa ser milionário para ser grato. Tem muita gente humilde por aí que tem pouco, mas sabe ser grato, enquanto outros têm muito, não dão valor e vivem naquela de reclamar o dia inteiro. É o velho ditado: "Feliz é quem valoriza o que tem e não fica chorando pelo que falta". E os estímulos a pensar dessa forma mais positiva são fundamentais para a cabecinha das crianças.

Eles percebem isso muito rápido e nos ensinam o tempo todo. Quando encerrei as atividades de uma empresa, fiquei com uma camionete cabine simples por um tempo. Estava baleada a coitada, mas era com ela que eu ia para todo canto. Até que um dia, levando a Eva para a escola, falei que ia trocar o carro por um "normal", que ela pudesse sentar no banco de trás, como tem que ser, um carro "mais legal", eu disse.

E aí ela solta: "Não, papai, esse carro é o mais legal, porque a cabine é pequena e eu posso ficar bem pertinho de você".

O que chamamos de patrocínio positivo significa incentivar atividades que contribuem para o desenvolvimento dos pequenos. Por exemplo, em uma de suas visitas, minha mãe trouxe uma caixa de miçangas para fazer pulseiras e colares. A Eva adorou! Enquanto montava os objetos, ela espontaneamente disse que iria fazer algumas para vender, pois queria pagar uma viagem para nós! Dá pra acreditar?!

Mais tarde fomos almoçar e, enquanto esperávamos na fila, ela me pediu para acompanhá-la. Um pouco tímida, foi até uma mãe que estava com sua filha e disse:

— Moça, é a primeira vez que fiz essas pulseiras e tô vendendo. É só dois reais.

A mulher, sem entender muito bem e achando graça, "comprou" a pulseira, e a Eva fez uma cara de surpresa e felicidade que eu queria ter fotografado. Ela só não sabia que, sem que percebesse, eu mesmo dei os dois reais para que a mulher "comprasse" a pulseira.

Esse incentivo a animou e ela foi correndo até outra mãe. Chegou tão confiante que, antes mesmo de eu conseguir sinalizar para a mulher e passar o dinheiro, ela disse:

— Parabéns, vou comprar essa pulseira por dez reais!

Eva ficou eufórica! E eu não perdi a oportunidade de mostrar a importância daquela atitude e de irmos atrás do que queremos.

Sim, as palavras têm um poder enorme sobre a nossa vida e dos nossos filhos. Li uma passagem bíblica interessante na Epístola de Tiago. Ele fez uma comparação bem direta: nossa boca é como uma fonte. Agora, imagina se da sua torneira saísse, de repente, água suja. Você confiaria nela para pegar um copo d'água limpa no dia seguinte?

Ele diz que da mesma boca não pode sair coisas boas e ruins. E é verdade, né? Se a gente passa o dia soltando palavras negativas, tipo "Ah, isso não vai dar certo", "Meu filho nunca me escuta", "O Brasil tá uma droga", como é que a gente pode esperar que coisas boas aconteçam quando a gente deseja algo positivo?

Vamos tentar, aos poucos, trocar as palavras negativas por positivas, encorajar nossos filhos, acreditar mais no que dizemos e ensiná-los a fazerem o mesmo. Se reclamar adiantasse, estaríamos todos ricos! Mas como não adianta, vamos valorizar o que temos e seguir em frente.

Se você treinar seu filho para reclamar, ele nunca vai ser uma criança emocionalmente saudável, e isso vai refletir na fase adulta. É desafiador, mas quem disse que não seria?

CAMA COMPARTILHADA

Vamos trocar uma ideia sobre essa história de cama compartilhada? Muita gente fala que pode deixar o pequeno mimado. Mas, será?

A verdade, por incrível que pareça, é que estudos mostram que as crianças que recebem mais carinho e apego acabam se tornando mais independentes no futuro. Isso mesmo, mais independentes! Quando o clima esfria, a gente pega um cobertor, certo? O mesmo vale para o carinho. Quando ficam com medo e se sentem desprotegidos, eles precisam dessa "cobertura emocional".

Imagina seu pequeno naquela fase em que tudo dá medo, por volta dos 3 anos. É super importante que ele saiba que pode contar contigo. No entanto, não quero que ninguém se sinta culpado ou pressionado. Se a cama compartilhada não rolar para vocês, tudo bem. Mas se rolar, também está tudo certo. O importante é que cada família escolha o que é melhor pra ela, sem se deixar levar por opiniões alheias. É preciso se sentir bem com as escolhas, sem dramas!

Em um instituto que ministro cursos de capacitação para empresários, temos também um treinamento com foco em Inteligência Emocional. Um dia, lendo a anamnese dos alunos que fariam o curso, uma mulher disse que o luto pela perda de seu filho era o maior e mais recente trauma que ela estava enfrentando.

Durante o dia, ela se apresentou e falou um pouco sobre o seu momento: "Há 60 dias entreguei meu filho de 5 anos de volta pra Deus". Essa frase dela me tocou e, sendo pai, é inevitável não montar um filme em questão de segundos na cabeça.

Já era tarde da noite quando voltei para casa naquele dia. Entrei no quarto e estavam minha esposa e minha filha dormindo juntas em nossa cama. A única coisa que eu consegui fazer foi chegar bem pertinho da Eva, dar um beijo nela e agradecer a Deus por ter a minha filha ali naquele momento.

Se você perde pai ou mãe, você é órfão. Se você perde marido ou esposa, você é viúvo ou viúva.

Mas não existe um nome para quem perde um filho. Eu não consigo imaginar o quão traumático isso deve ser na vida de quem enfrenta esse acontecimento.

Diversas vezes pensei em como essa mulher chega em casa sozinha, já que era mãe solo, e não tem mais o pequeno dela ali para dormir com ela. Isso ficou martelando na minha cabeça.

E aí, você acha mesmo que vou impedir que minha filha durma perto de nós, seja com um colchão no quarto ou dividindo a cama em alguns momentos? Jamais!

Claro que aqui citei um caso extremo do qual não gostamos nem de pensar a respeito. Mas, cá entre nós, daqui dez anos a Eva certamente não vai querer saber de ficar no quarto dos pais, vai seguir o caminho dela, vai estar numa festa, e nossa cama mais vazia... Tenho certeza de que vou me lembrar cheio de saudades desses momentos que pude ser o porto seguro dela antes de dormir, de ter meu braço entrelaçado nas mãozinhas dela, de sentir sua respiração bem pertinho e, de quebra, ouvir um "te amo, papai" para encerrar o dia.

Lembram do "papai, eu adoro ser sua filha"? Pois bem, se ela estivesse no quarto dela, obrigada por mim a ficar ali, talvez eu não teria mais esse momento.

Quando minha mãe nos visita, ela nem quer saber dos pais. Sem pensar duas vezes já se ajeita no quarto de visitas e ali dorme junto com sua avó todas as noites. É lindo ver tanto carinho, risadas, brincadeiras e as duas compartilhando dias assim.

Seguindo a linha de que criar filhos não é uma receita de bolo, não estou dizendo que colocar os filhos em outro quarto é errado. Cada família se molda de acordo com sua realidade, mas ao mesmo tempo fico muito tranquilo em saber que compartilhar quarto e cama pode ser tudo, menos um erro.

DIVIDIR A CAMA, DORMIR ABRAÇADO OU ESPREMIDO NÃO SÃO MOMENTOS QUE DURAM PARA SEMPRE. APROVEITE!

EXPECTATIVA E PRESSÃO

"A coisa mais difícil que um pai pode fazer por seus filhos é deixá-los ser eles mesmos."
(Carl Jung)

É normal querermos o melhor para os nossos pequenos e, sem perceber, tentar direcioná-los para algo que nós (!) achamos incrível? Pois é, isso acontece mais do que a gente imagina.

Por exemplo, minha esposa é médica, e aí você já imagina a expectativa, né? A Eva até diz de vez em quando que quer ser médica também, mas ela também já disse que quer ser astronauta, bailarina e até detetive! E eu acho isso demais! É importante deixar a garotada sonhar e escolher o que faz brilhar seus olhos, mas aqui está o detalhe: os olhos **deles**, e não necessariamente os **nossos**.

Conheço gente que está cursando uma faculdade só porque o pai ou a mãe disse que era "o melhor". E tem outros que estão fugindo de alguma carreira só porque os pais não foram bem-sucedidos nela. Não é louco isso? A gente precisa entender que cada criança é um universo e que, no fim das contas, do que eles mais precisam é do nosso apoio e incentivo, seja qual for a escolha deles.

Certo dia, a Eva me pediu para interromper as aulas de muay thai. Em vez disso, queria fazer teste de balé, além das aulas que já faz na escola, aula experimental de teclado etc. Estava tudo bem. Ela testou a arte marcial, entendeu que têm crianças melhores que ela nessa modalidade e, principalmente, que a hierarquia dentro do tatame deve ser respeitada. Já tinha valido a pena

No dia seguinte, ao sair da natação, ela me perguntou se poderia parar a natação também. Não que ela quisesse, mas quis saber se eu permitiria... Na hora já entendi aonde ela queria chegar e disse que não.

Imediatamente, ela me disse:

— Mas você falou que não ia me obrigar a fazer algo.

Devolvi:

— Sim, mas a natação, até um certo nível, é igual à escola, tem que ir. Nós moramos na praia, e no verão muitas vezes você vai em lugares que tem piscina, então é fundamental que você saiba nadar. É para sua segurança.

E lembrei que no final de semana anterior tínhamos ido em um churrasco no prédio onde uma amiguinha da escola mora, e ela aproveitou a tarde toda na piscina. Então, disse:

— Se você não estivesse todos esses meses na natação, não teria aproveitado tanto quanto aproveitou com seus amigos no domingo. Ficaria com medo, ia precisar de boia mesmo na parte rasa da piscina e não ia ser tão legal como foi, entendeu?

— Entendi, papai. Então tem coisas que precisamos aprender nem que seja um pouquinho pra gente poder se virar, né?

— Isso mesmo, filha!

— Tá bom. Se eu não quiser competir, tudo bem, mas preciso saber nadar pra não ter perigo e aproveitar o verão!

Entenderam o meu ponto? A Eva entendeu! A cada dia, quatro crianças morrem no Brasil vítimas de afogamento! Definitivamente, saber nadar não é uma escolha, é necessidade.

Eu vi uma pesquisa na qual foi perguntado a mais de mil crianças como seria a escola dos sonhos deles. Você acredita que as respostas mais comuns foram: um lugar para correr e outro para bater papo? Pois é, cara! Tão simples e tão... humano, né?

Mano, me dá um aperto no coração quando vejo que estão tentando transformar as crianças em minirrobôs. "Não corre, não fala alto, não ri." Se você parar para pensar, quando imagina seu filho numa boa, curtindo a vida, o que ele está fazendo? Rindo à toa, fazendo alguma arte, explorando tudo ao redor, né? Nunca parado num canto como se fosse um enfeite.

Tem um trecho em uma música do Charlie Brown: *"Ainda vejo o mundo com os olhos de criança..."*. Pô, como seria bom se conseguíssemos manter minimamente um olhar mais leve e lúdico de tudo que nos cerca. Crianças são criativas, inventivas, cheias de energia. Colocar pressão nos pequenos para que eles se "adequem" a um padrão que muitas vezes nem nós gostamos de seguir é furada!

Criança foi feita para ser criança, para aprender com a vida de um jeito leve e divertido. É preciso não projetar nossos sonhos ou frustrações em nossos filhos. O que realmente queremos é vê-los felizes, não é? E, para isso, nada melhor que dar a eles liberdade para serem quem quiserem ser.

A IMPORTÂNCIA DOS AVÓS NA VIDA DE UMA CRIANÇA

"Um avô é alguém com prata nos cabelos e ouro no coração."
(Provérbio Judaico)

Lembro bem dos meus quatro avós, cada um do seu jeito. Meu avô João, com sua habilidade em fazer gaiolas de madeira, cuidava de vários pássaros, entre eles muitos canários que faziam uma cantoria danada todos os dias. Como morávamos perto de sua casa, sempre me levava nos treinos de futebol com seu impecável Fusca branco. Não me lembro de nenhuma cena dele bravo, gritando. Minhas memórias dele são de um avô bem calmo e detalhista com suas coisas.

Seu João e o cigarro eram parceiros inseparáveis, e esse hábito diário o levou de nós. Talvez daí venha minha repulsa por cigarros, me fazendo até mesmo recusar uma excelente proposta de trabalho na indústria tabagista.

Casada com ele, minha avó Laura. Seriedade, pouca risada e poucas palavras eram sua marca registrada. Só depois entendi que isso era reflexo de uma infância bem sofrida. De acordo com a sua realidade, era o que ela conseguia oferecer aos filhos e netos.

Mesmo assim, lembro perfeitamente do seu "pão de minuto", uma receita simples, bem sequinha e com um sabor que só comida de avó pode ter. Com ela também comi algumas frutas pela primeira vez, colhidas direto dos pés que ela cultivava no quintal de sua casa. Carambola foi uma delas e, sempre que como, me vem a imagem da cozinha da casa dela.

Do lado materno, meu avô Reale. Nunca mais conheci alguém que se chamasse assim, exceto meu tio e meu primo, que deram continuidade na linhagem do nome. Tão único como seu nome, era esse cara. Sério, muitas vezes rígido em excesso (de acordo com as histórias que minha mãe conta), mas com os netos sempre foi muito amigável. Consertava tudo que fosse possível imaginar, montava bicicletas do zero, com ajuda das inúmeras ferramentas que guardava em um quartinho cheio de tralhas.

Um homem forte, resultado dos longos anos de trabalho braçal como caminhoneiro. Dizia com orgulho que erguia um carro com as mãos. Mas toda essa força ficava de lado perto dos netos, os quais ele chamava de "bem", a quem dava a benção sempre antes de ir embora de sua casa e, às vezes, um dinheirinho escondido, naquele estilo clássico de estar fazendo algo ilícito.

A tradição aos domingos era almoçar na casa dele e depois ficar embaixo do pé enorme de manga que tinha no quintal e brincar no balanço, feito por ele. Tomar um caldo de cana que ele plantava e colhia. Gostava de animais, mas vivia em "pé de guerra" com seu cachorro, Rambo. Não era incomum encontrá-lo com as mãos machucadas por causa das mordidas. Apesar de passar uma imagem de "machão", quando ia entrar na piscina, mesmo rasa, tinha que vestir um colete salva-vidas. Gostava de motos e me influenciou totalmente a torcer para o Corinthians.

E, para finalizar, dona Lourdes! Só de escrever o nome dela já é preciso fazer uma pausa, respirar fundo e segurar a emoção. De longe, a pessoa mais doce e pura que conheci. Transbordava amor e alegria por onde passava. Dizia com frequência: "Eu amo mais meus netos que meus filhos". Sempre que dizia isso, já vinha uma sequência de risadas, e com sorte a gente escapava das mordidas que ela dava dizendo que era de carinho.

Não precisava conhecê-la muito a fundo para realmente notar o quanto ela era louca pelos cinco netos. Ela foi a clássica avó que "estraga", fazendo as vontades, cozinhando as melhores comidas e sempre, com palavras doces e carinhosas, acalmava qualquer situação. De infância humilde, mas bem aproveitada, era uma ótima contadora de histórias, que eu adorava ouvir em seus mínimos detalhes. Ela relembrava como era sua casa e tudo que ela aprontava com suas irmãs e primos.

Dona Lourdes adorava a vida, frequentava os bailes de terceira idade, fazia viagens com seu grupo de amigas e, quando voltava, sempre trazia mais histórias, nunca esquecendo de ressaltar o café da manhã dos hotéis, especialmente quando tinham pães, queijos e frutas de "tudo quanto é 'calidade'".

Bolinho de chuva, bolinho preto, bolos de aniversário, o tradicional pavê no Natal. Se fecho os olhos, consigo lembrar do gosto de cada uma dessas e de várias outras iguarias que ela era capaz de fazer.

Ela ligava todos os dias, sem falhar. Em tempos em que não existiam smartphones nem videochamadas, ela mantinha contato diário com todos. E eu, já adolescente, adorava imitar a voz do meu irmão mais velho para enganá-la quando atendia o telefone, e ela caía em quase todas as vezes.

Um mês antes de partir, me deixou um bilhete de aniversário, com sua letra trêmula, me incentivando, parabenizando pela data. Finalizou, obviamente, com uma expressão de amor que era sua marca registrada: "A vó te ama".

É incrível. São acontecimentos de mais de 30 anos atrás e que ainda fazem uma diferença enorme na minha vida. Cada risada, cada conselho, cada bronca... Tudo ainda ecoa na mente e no meu coração.

E no embalo dessas memórias, comecei a pensar na relação da minha pequena, a Eva, com o meu coroa. Você lembra como meu pai era? Às vezes meio estressado, curtinho na paciência, mas te juro: com a minha filha, ele virava um doce! Era outra pessoa.

E a relação deles, mesmo que tenha durado só quatro aninhos, deixou marcas. Já se passaram dois anos desde que ele se foi, mas até hoje a Eva lembra de coisas ligadas a ele, mesmo só tendo na época um par de anos de vida. Por exemplo, a gente vai no mercado e ela aponta para a bolachinha que o vovô comprava para ela. Louco, né?

Ao mesmo tempo, minha mãe e minha sogra seguem sendo duas anjas para a Eva. Avó é igual mãe, só que com açúcar! Então torço para que esses momentos entre elas durem o máximo possível. Eu penso quase como se fosse uma neurose: "Poxa, será que vão estar aqui até ela fazer 15 anos? E 20?". É um sentimento meio doido, mas acho que vocês sabem do que estou falando, inclusive quem não tem filho e sonha em ter também para "presentear" os pais. A relação entre avós e netos é algo mágico, e ver essa troca de carinho entre a geração que nos criou e a geração que estamos criando é como ganhar na loteria da vida.

Minha sogra, por estar geograficamente mais pertinho, naturalmente tem mais momentos com Eva. E te conto: a menina é apaixonada por ela, assim como é pela minha mãe também. Quando elas estão juntas, é uma farra só, dá gosto de ver. Ambas fazem de tudo por ela, de verdade!

Imagine a cena: Natal, casa da minha sogra, as duas fazendo bolachinhas juntas. Mesa toda suja de farinha, mãozinhas da Eva melecadas, fotos delas se divertindo. Pura alegria! E esses instantes, assim como aqueles que relatei no começo deste capítulo, são os que grudam na memória e nos constroem enquanto seres humanos.

    E falando na minha mãe, nas últimas férias de julho a Eva passou um tempinho só com ela. E foi sensacional! Minha mãe se mudou depois que meu pai se foi, e, nessa casa nova, elas construíram momentos incríveis. Fizeram natação juntas, massagem e até participaram da missa, tudo para fortalecer esse laço. E que laço, viu?

    Ah! E meu sogro é meio reservado, mas é doido pela Eva. Vive pedindo para a minha esposa deixá-la mais uns dias por lá. E a Eva? Faz o que quer com ele! Até virou cabeleireira, passando "gel" (que ela chama de baba, rs) e arrumando o cabelo do avô. Uma comédia para nós, e um momento eterno para ela.

    No fim das contas, o que vejo é que ela está montando um álbum de memórias incrível na cabecinha dela, e isso, meu camarada, é algo que dinheiro nenhum compra, porque pensar no passado e nas memórias que construímos é algo muito poderoso. Quando parei para escrever sobre isso, uma avalanche de bons sentimentos veio junto. E você, lembra daquelas férias na casa dos avós, correndo descalço, no meio da natureza e dos bichos? Tempos bons, né? Hoje, com a Eva, tento recriar esses momentos sempre que posso, mesmo que adaptando à nossa realidade atual.

    O meu pai passou por uma virada incrível, principalmente na reta final da sua caminhada. Ele e minha mãe se tornaram mais parceiros e, acho que de alguma forma, ele se aproximou mais da espiritualidade. Não estou falando que ele virou santo, longe disso, rs. O velho sempre teve um temperamento forte, mas comecei a notar que ele passou a deixar de lado certas intransigências e passou a dar mais valor aos momentos bons.

    Com a minha pequena, era só *love*. Ele parecia ter a chance de curtir a netinha sem toda aquela pressão de ser o "pai", sabe? Era o avô que estava ali para os bons momentos, para mimar, dar risada e curtir. E não é essa a mágica de ser avô? Curtir a criançada sem o peso da responsabilidade diária de educar.

Vejo isso até nos meus tios. A tia Carmen sempre foi rígida ao extremo. Mas hoje, com as netas? Totalmente diferente! Parece mesmo um fenômeno geral, como se ser avó fosse como uma segunda chance de curtir a infância de novo, mas sem toda a pressão que vem com a paternidade e a maternidade.

Ou seja, enquanto nós estamos aqui ralando para educar, dar limites e ensinar valores, os avós estão lá, dando risada, enchendo de comida e curtindo cada segundo, e é isso que eles têm que fazer mesmo! No fim das contas, todo mundo só quer aproveitar o tempo juntos, amar a família e construir o arcabouço de memórias que acompanhará para sempre a vida dos nossos filhos.

Em um feriado que fomos visitar minha sogra em Blumenau, Eva não teria aula na sexta-feira, pois a escola emendou as folgas. Sem pensar, ela já escolheu ficar uns dias na casa da vovó. Por nós, tudo certo, apenas a lembramos de que no dia seguinte rolaria um jantar na casa de uma amiguinha dela e, então, ela não poderia ir.

Sem dificuldade e com toda a postura de uma miniadulta, ela respondeu:

— Eu já tomei uma decisão, vou ficar na casa da vovó, porque a vovó é mais importante.

Rimos muito da forma como ela falou, e pensei comigo mesmo: *"é isso, filha, você vai ter muito tempo com amigas, aproveite seus avós"*.

Avós que dão amor aos netos desde pequenos deixam marcas eternas em suas almas.

AGORA É CONTIGO, IRMÃO!

A essa altura do campeonato, você já sabe: ser pai não é coisa para moleques. Não estamos aqui só para levar nossos filhos para creche ou ensiná-los a jogar bola. Estamos forjando o caráter das próximas gerações.

Não é sobre o mundo que vamos deixar para nossos filhos, mas que tipo de filhos vamos deixar para o mundo. E, no meio dessa luta, a gente acaba se descobrindo também. Pois é, quem diria que um marmanjo como você poderia aprender tanto com um pirralho que ainda está aprendendo a amarrar os sapatos?

Trata-se de uma revolução pessoal. Estou falando de mudar o jogo, de ser o cara que admite que não sabe de tudo e que está pronto para mergulhar fundo na vida do seu moleque ou da sua princesa. E isso cria um efeito cascata. No trabalho, com a esposa, com os amigos, até o seu cachorro vai sentir a diferença. Empatia, companheirismo, estar 100% lá quando é preciso — isso te transforma em um ser humano realmente bom.

Paternidade não é brincadeira de criança. É reconstrução diária. É decidir ser o herói que seu filho acredita que você é, e nesse processo, virar um herói de verdade para si mesmo e para o mundo. A meta é esta: um mundo com mais abraços e risadas e menos dor e violência.

E é com essa mensagem de esperança e amor que encerramos esta obra, desejando a todos os pais e mães

> **VOCÊ NÃO É MENOS HOMEM QUANDO TROCA UMA FRALDA, QUANDO LEVA SEU FILHO À ESCOLA, AO PEDIATRA OU QUANDO SENTA PARA BRINCAR DE BONECA E DEIXA SUA FILHA TE MAQUIAR.**

uma trajetória repleta de descobertas e conexões profundas, assim como tem sido a minha. Lembre-se: você não é menos homem quando troca uma fralda, quando leva seu filho à escola, ao pediatra ou quando senta para brincar de boneca e deixa sua filha te maquiar.

Espero que possamos aprender tanto quanto ensinamos, e que esse ciclo de aprendizado continue por gerações, quebrando todos os ciclos negativos que hoje atormentam o nosso presente, e que, com a força da paternidade, não vamos deixar se estender para o nosso futuro.

E, para fechar, deixo aqui a transcrição de um vídeo sobre o preço de ser pai do palestrante, escritor e amigo Marcos Piangers, que me concedeu a honra de escrever o prefácio deste livro:

"Você pode estar alarmado com o preço de tudo, mas para um pai, o susto é ainda maior. São os gastos com escola, uniformes — a menina cresceu e a camisa está ficando curta, as calças todas rasgadas — e então vem a alimentação, os lanches... E aí você quer fazer algo especial numa festa de aniversário. E se quiser dar um presentinho no Natal? De repente, tudo é tão caro e você olha para o seu filho e pensa: "Caramba, quanto dinheiro eu gasto com meu filho!".

Você começa a fazer as contas e chega a milhares de reais. E olha que não estou falando de um casamento extravagante ou de consertar a lataria do carro quando seu filho pegar o veículo aos 18 anos. Estou falando só do dia a dia. Quando você faz as contas... Nossa, são milhares, talvez centenas de milhares de reais gastos para criar uma criança que te desperta porque está com medo do escuro, para enfrentar o trânsito na saída da escola ou para assistir a apresentações escolares em que nenhuma criança canta direito.

E os desenhos que recebemos? Aparecemos sem nariz, sabe como é? Você paga uma fortuna por isso. E eventualmente é chamado de herói por matar uma barata.

Você se torna um super-herói ao recuperar a bola no vizinho, ao saber tudo sobre tudo, ao ter todas as respostas. Para o seu filho, você é a pessoa mais inteligente e mais forte do planeta — o mais bonito, mesmo com uma barba por fazer.

Você investe centenas de milhares de reais por abraços matinais — o melhor "bom dia" que se pode receber. Claro, depois você economiza no cardiologista, no psiquiatra, nas terapias que você teria que fazer.

Você percebe esse laço, esse afeto... Cada abraço te afasta do hospital. No final das contas, até que não sai tão caro.

Na verdade, é uma pechincha. Você recebe de presente um papelzinho singelo escrito "melhor pai do mundo", uma foto sua abraçado com o seu filho. Sua esposa te diz que você é um grande pai, sua filha te abraça com amor sincero e admiração.

É, realmente, criar um filho está saindo até barato.

Que promoção maravilhosa essa de ser pai!"

Um grande abraço!

FIM.

SE ESSA LEITURA TE FEZ REFLETIR, OU TE AJUDOU DE ALGUMA FORMA, FICAREI FELIZ EM SABER!

Me manda uma mensagem, compartilha sua experiência ou até uma história sua.

Pode me encontrar no Instagram (@gasp4roto), no WhatsApp (47) 99161-2302 ou no e-mail gasparotorf@gmail.com.

BORA CONTINUAR ESSA CONVERSA!